GUIDE

DE PAU

(Par F. Fort et
G. Cazaux.)

GUIDE
DE PAU

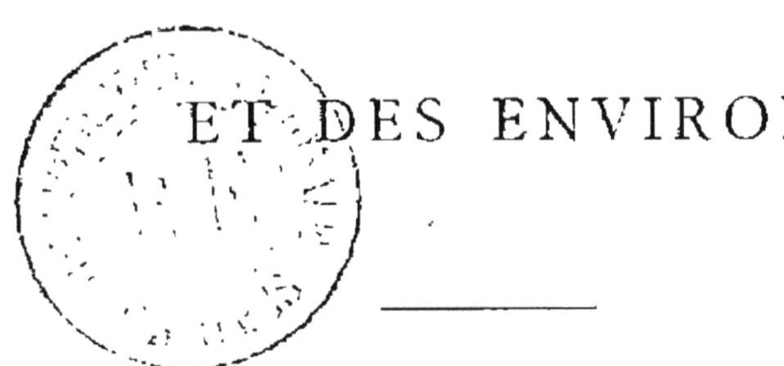

ET DES ENVIRONS

AVEC SEPT CARTES ET UN PLAN DE LA VILLE DE PAU

PAU

G. CAZAUX, IMPRIMEUR, LIBRAIRE-ÉDITEUR

24, Place de la Halle, 24

A CAUTERETS, 2, PLACE St-MARTIN

(1888)

PRÉFACE

DE LA

TROISIÈME ÉDITION

Ce n'est pas, à vrai dire, une édition nouvelle c'est un livre presque entièrement neuf que nous publions aujourd'hui. De l'ancien GUIDE DE PAU, *qui fut, à son heure, si favorablement accueilli, nous n'avons, en effet, guère conservé que le plan général et les détails de quelques excursions éloignées.*

Ainsi refondu, ce guide est certainement le travail le plus complet et le plus exact qui ait, jusqu'ici, paru sur la ville de Pau et sur ses environs. Non seulement les routes classées, mais les moindres chemins praticables aux voitures s'y trouvent minutieusement indiqués ; les distances y sont aussi soigneusement notées ; enfin, les lieux parcourus, décrits avec leurs curiosités naturelles, artistiques ou historiques.

Six cartes-itinéraires, pleines de précieuses indications, une carte générale des excursions, dans un rayon de vingt kilomètres, et un plan de la ville de Pau complètent cet ensemble de renseignements utiles, nous devrions ajouter, indispensables.

En les publiant, nous avons donc la conviction non seulement de livrer au public une œuvre intéressante, mais encore de rendre un véritable service à tous les étrangers qu'attirent notre station hivernale, les avantages de son climat, les agréments et les charmes de sa nature pyrénéenne.

En faisant mieux connaître ce beau pays de Pau, nous espérons ainsi le faire apprécier toujours davantage de ceux qui viennent l'habiter chaque année et qui lui témoignent une si vive affection.

PAU

De Paris par Bordeaux : 819 kilomètres ; trajet par le train express : 17 heures 30 m. — 1re classe, prix : 100 fr. 80 c.
De Bordeaux : 234 kil. ; trajet en 5 h. 30 m. — 1re classe 28 fr. 75.
De Paris par train de luxe (l'hiver seulement), trajet en 12 heures environ. — Prix : 151 fr.

De Lyon :
- Par Avignon, Cette, Toulouse : 792 kil. ; trajet en 23 heures, avec nuit à Toulouse. — 1re classe, 97 fr. 45.
- Par Saint-Étienne, Capdenac, Toulouse : 784 kil. ; trajet en 31 heures, nuit en route. — 1re classe, 95 fr. 55.

De Marseille : 640 kil. ; trajet en 19 heures, avec nuit à Toulouse. — 1re claese, 78 fr. 75.
De Nice : 865 kilomètres ; trajet en 25 heures. — 1re classe 106 fr. 45.

LA VILLE

L'ancienne capitale du Béarn, devenue le chef-lieu du département des Basses-Pyrénées, est une ville charmante et coquette. Elle s'étend, de l'ouest à l'est, par 47° 17'44 de latitude N. et 2°42'47 de longitud O, à l'extrémité d'un plateau situé à une altitude moyenne de 190 mètres au-dessus du niveau de la mer et à 50 mètres environ au-dessus de la vallée du Gave.

La partie méridionale de Pau commence à l'est par les riches massifs du Parc Beaumont, (le Jardin Public); elle se continue par une suite d'élégantes villas et de somptueux hôtels publics et particuliers, encadrés de jardins dont les pelouses descendent jusqu'au bas du coteau. Viennent ensuite : la Place Royale avec la statue d'Henri IV, le grand béarnais; le Boulevard du Midi, bordé de constructions superbes ; l'Eglise St-Martin ; l'hôtel qui porte le nom du maréchal de Gassion ; enfin, plus à l'ouest, l'antique Château Royal et son Parc, long coteau couvert d'arbres séculaires.

De la terrasse de la Place Royale, presque taillée à pic en cet endroit, la vue s'étend sur l'un des plus beaux panoramas que l'œil puisse contempler.

A vos pieds, sur une vaste étendue, se déroule la capricieuse vallée du Gave de Pau dont le courant scintille au soleil comme une ceinture de pierreries. Là s'étalent à leur aise de gros villages et de nombreux hameaux. C'est d'abord, à droite, Jurançon aux vignobles renommés ; puis, en venant vers la gauche, Gélos, Lézons, Mazères, Uzos, Rontignon, Meillon, Assat, Idron, Aressy, et, enfin, tout à fait à l'est, Bizanos que domine une colline boisée couronnée d'un château encadré de pins parasols détachés, croirait-on, d'un paysage d'Italie.

En face, se développe à perte de vue une

chaine de magnifiques coteaux redressés à l'E., plus abaissés au S.-O., couverts de bois, de prairies, bien étagés, profondément découpés, parsemés de villas délicieuses et de véritables châteaux. Mais, pardessus tout, à l'horizon, ce sont les divers plans des Pyrénées, quelquefois perdues dans les lointaines vapeurs et la région des nuages, d'autres fois si rapprochées qu'elles paraissent surplomber la ligne des coteaux.

L'œil se promène ainsi des montagnes de la Haute-Garonne, où Luchon s'abrite, au massif d'Anie, dans le Pays Basque, et s'arrête en face de Pau sur le cône abrupte et isolé du pic d'Ossau. Voyez ce tableau par l'un de ces jours de chaud soleil si fréquents à Pau, même en hiver, « le cœur, dit Taine, se dilate, dans cet espace immense ; l'air n'est qu'une fête ; les yeux éblouis se ferment sous la clarté qui les inonde et qui ruisselle ; renvoyée par le dôme ardent, une nappe de lumière blanche s'étale d'un bout de l'horizon à l'autre sans rencontrer un seul nuage. » Souvent aussi, au milieu de leurs neiges, « les Pyrénées ne sont que la bordure gracieuse d'un paysage riant et d'un ciel magnifique. Rien alors d'imposant ni de sévère : la beauté ici est sereine et le plaisir est pur. »

Dans la vallée du Gave, à l'endroit même où le ruisseau de l'Ousse vient se jeter dans le torrent, après avoir égayé de son murmure les vieux arbres du Bois-Louis, se trouve la Gare du chemin de fer de Toulouse à Bayonne, d'où se détache presque aussitôt, en se dirigeant vers le sud, l'embranchement d'Oloron et des Eaux-Bonnes qui franchit le Gave sur un pont métallique.

Un ruisseau profondément encaissé, le Hédas, entièrement recouvert et servant de grand collecteur aux égouts, partage la ville en deux parties : l'une resserrée entre ce ravin et le Boulevard du Midi, l'autre s'étendant à l'aise vers le nord. Cinq ponts les relient entre elles. La partie qu'on appelle la basse ville est bâtie dans le ravin même du Hédas. Un beau pont relie à Pau la partie annexée de Jurançon qui s'étend, sur une longueur de plus d'un kilomètre, le long de la grande route thermale des Eaux-Bonnes.

Il ne reste que bien peu de chose de l'ancien Pau. Sauf quelques rares maisons d'avant la révolution, la ville est toute moderne, on pourrait même dire presque entièrement neuve. Elle est bien percée ; la plupart des rues sont larges et droites, avec des trottoirs. Taine chercherait vainement, dans toutes les artères fréquentées, « les chaussées en galets roulés, » il n'y trouverait plus de trottoirs « en petits cailloux aigus. » Les places y sont nombreuses, quelques unes très vastes et bien exposées. Il y a lieu de penser que, même lorsqu'il écrivait son *Voyage aux Pyrénées*, — il y a bientôt trente ans — le célèbre auteur, trop épris de couleur locale, avait dû chercher soigneusement quelque coin ignoré qui rappelât les jours lointains de la vieille cité béarnaise.

HISTORIQUE

Au nord de Pau, s'étendent, sur un rayon de plusieurs kilomètres, les landes du *Pont-Long*, bordées par des coteaux en amphithéâtre, sorte de remparts contre les vents du nord. Naguère incultes et marécageuses, aujourd'hui presque entièrement desséchées et cultivées, ces landes, à une époque reculée, appartenaient aux habitants de la vallée d'Ossau qui venaient y paître leurs troupeaux, lorsque la neige défendait l'accès des herbages de la montagne. Le domaine du Pont-Long arrivait alors jusqu'au Gave.

Vers la fin du Xe siècle, un des premiers vicomtes de Béarn, Centulle le vieux, dit-on, voulut bâtir un château fort pour défendre la vallée, probablement contre les Maures. En échange de la première place aux Etats de la vicomté, il obtint des Ossalois la cession d'une partie de landes qu'on limita par des pieux fixés en terre. « Puis un château s'y éleva, *Castellum Pali, Castet de Pal* ou *Castet de Paü*, et bientôt après, à l'abri de ce château, un bourg qui prit le même nom » (1).

Longtemps Pau n'eut pas d'histoire. Au XVe

(1) On a beaucoup discuté sur l'étymologie du mot *Pau*. Rien ne saurait prévaloir, à notre avis, contre la tradition locale et contre la prononciation qui fait dériver Pau de *paü*, pieu, pal, et du latin *palum*, indiquant, en général, tout poteau fiché en terre.

siècle seulement, Gaston X qui, après tant d'autres, avait agrandi et embelli le château, donna des armoiries à la ville, « élargit son enceinte, exhaussa ses remparts, rendit son sénéchal sédentaire, établit des jurats, concéda des foires et des marchés et érigea en paroisse l'église Saint-Martin » (1).

C'est à Pau que, quelques jours après la mort de François Phœbus, roi de Navarre (1483), furent convoqués les Etats de Béarn, afin de choisir un mari à Catherine, sa sœur unique. Ce mari fut Jean d'Albret. Sous ce règne, Pau brilla d'un grand éclat. La ville restait néanmoins très resserrée. Elle ne se développa que plus tard, lorsqu'Henri IV lui eût donné des marques de sa protection, que Louis XIII y eût institué un Parlement et que des maisons religieuses s'y furent établies avec un collége et beaucoup d'hôtels.

Pau conserva longtemps le titre de ville libre, et celui de capitale de Béarn jusqu'en 1620, époque à laquelle un édit de Louis XIII réunit le Béarn et la basse Navarre à la couronne de France. En 1790, lors de la division du royaume

(1) B. de Lagrèze : *Château de Pau.* — Les armes de Pau sont : d'azur à trois pals, fichés et alaizés d'argent, réunis par une fasce de même, le pal du milieu surmonté d'un paon faisant la roue en chef et deux vaches affrontées en pointe. C'est le roi Charles X, qui, en 1829, autorisa le chef d'or chargé d'une écaille de tortue au naturel surmonté d'une couronne d'azur rehausée d'or et accompagnée à dextre d'un H et à senestre du chiffre IV d'azur, avec la légende au-dessus : *Urbis palladium et gentis.*

en départements, il est devenu le chef-lieu des Basses-Pyrénées.

La renommée des eaux thermales pyrénéennes n'a pas peu contribué à faire connaître au loin la splendeur du site et la douceur du climat de Pau. Aussi sa réputation ne cesse-t-elle de grandir et paraît-elle si bien assise désormais que rien ne saurait l'ébranler.

CLIMAT

Bien que la ville de Pau n'ait pris un accroissement rapide que dans ce siècle et presque à notre époque, grâce à l'affluence toujours croissante des hivernants, il ne faudrait pas croire que la renommée de son climat soit aussi récente.

Sans doute, le développement des villes d'hivernage, comme celui des stations thermales, tient à la rapidité des moyens de communication; mais, quoique bien moins fréquentées, ces villes et stations n'en existaient pas moins à des époques reculées. Cependant, on peut dire que l'expérience curative du climat de Pau a commencé avec la grande vie des établissements thermaux voisins, lorsque ceux-ci passèrent, grâce aux travaux de Bordeu, de l'empirisme à la thérapeutique rationnelle.

Le caractère d'un climat ne se détermine

point exclusivement au moyen des degrés du thermomètre. Si l'on ne considérait que l'élévation de la température, le Sénégal, Java, Cayenne ou le Tonkin auraient une supériorité incontestable sur toutes les villes d'hiver non-seulement de France, mais aussi d'Italie, d'Algérie et d'Egypte. Mais, à côté du degré de température, il faut considérer le calme de l'atmosphère qui tient essentiellement à la disposition topographique. A Pau, si la température moyenne de l'hiver atteint à peine 10°, en revanche elle ne descend que rarement au-dessous de zéro, et presque jamais trois jours de suite. En outre, le sol, excessivement perméable, absorbe immédiatement l'humidité des pluies. Lorsque, par hasard, il fait à Pau de grands mauvais temps, on peut affirmer qu'ils sont ailleurs beaucoup plus mauvais encore. En effet, si les vents viennent à souffler du côté du nord, ils sont arrêtés par les collines qui s'élèvent de ce côté, tandis qu'au contraire, les vents chauds du sud trouvent sur leur passage les Pyrénées qui brisent leur violence et rafraîchissent leurs ardeurs.

Si, par la pensée, établissant une analogie topographique avec Rome, l'on plaçait Pau au sud des Pyrénées, l'on comprendrait bien vite l'immense avantage anémographique que sa situation donne à la cité béarnaise sur la ville éternelle. A Pau, point de *tràmontàna*, point de *sirocco*. Par un heureux privilége, Pau n'est pas soumis davantage à l'action périodique du mistral qui se fait sentir à Hyères, à Nice, à Montpellier et sur tout le littoral méditerranéen.

Le docteur Louis a, depuis longtemps, fait les mêmes remarques dans une lettre précieuse à sir Alexandre Taylor l'un des auteurs, avec les docteurs James et Inglis, de la fortune présente de Pau. Ce témoignage est d'autant plus important que l'illustre savant l'écrivit au moment même où son fils venait d'y succomber à la phthisie. La douleur du père ne put influer sur l'impartialité du médecin.

« Il est d'expérience, dit-il, que, selon qu'il fait du vent ou qu'il n'en fait pas, on peut avoir froid ou chaud dans une même journée, dans un même lieu, par une même température : d'où la possibilité d'avoir froid à Rome ou à Nice et chaud à Pau par un même degré du thermomètre. Ces qualités de l'atmosphère, si rarement réunies (le calme et l'absence d'humidité libre) donnent au climat de Pau un caractère tout spécial et doivent, dans beaucoup de circonstances, le faire préférer à celui de Rome ou de Nice, ou d'autres villes du Midi, dont l'atmosphère est si souvent agitée par des vents violents qui ne permettent aucun exercice extérieur, alors même que le degré du thermomètre est assez élevé » (1).

D'après le docteur Taylor, dont la longue pratique rend le témoignage particulièrement déci-

(1) Dr Louis, lettre à sir A. Taylor. — La monographie du professeur Martens sur le *Froid physiologique* ne laisse aucun doute à cet égard.

sif, le climat de Pau présente rarement des excès d'humidité et de sécheresse ; il n'est pas soumis à des vents perçants ; il calme les nerfs et modère la circulation ; son action hyposthénisante et sédative est complète. Voici comment s'exprime Taylor dans son *Etude comparée de l'action préventive et curative du climat de Pau :*

« La nature absorbante du sol et les conditions particulières de l'électricité atmosphériques, produisent cet effet remarqué par les dames, que leurs cheveux (hygromètre vivant, d'une susceptibilité exquise aux impressions d'une atmosphère surchargée) conservent leurs boucles, même en temps de pluie, beaucoup mieux qu'en Angleterre ; une autre preuve facile du peu d'humidité libre que renferme l'atmosphère, c'est que les objets en acier sont rarement affectés de la rouille, même dans les maisons inoccupées. On peut remarquer encore qu'il est rarement nécessaire d'exposer à la chaleur du feu les étoffes de laine ou les draps de lit qu'on retire, quand on en a besoin, des armoires où on les a renfermés ; et toute personne demeurant à Pau a pu observer souvent qu'un essuie-main, saturé d'humidité, sèche en peu d'heures, même quand il pleut et dans une chambre sans feu. Cependant, dans les districts les plus favorisés de l'Angleterre, dans plusieurs parties de l'Italie et même dans les Açores, où la température est toujours plus élevée qu'à Pau, les vêtements de flanelle se pénètrent avec une grande facilité de l'humidité libre dont l'air est chargé ».

Plus loin, le grand observateur ajoute :

« A Pau et dans les environs, la pluie tombe par quantités larges et soudaines, habituellement avant et après le coucher du soleil ; mais la qualité du sol est si absorbante, le drainage naturel si puissant, qu'il y a peu de jours où une personne bien portante ne puisse passer trois ou quatre heures en plein air, et où même les malades qui ont le soin de se bien couvrir ne puissent faire de l'exercice vers le milieu du jour. »

En s'exprimant ainsi Taylor était du reste d'accord avec un autre savant anglais, J. Murray :

« Le climat de Pau est peut être le plus agréable et le meilleur de France pour les malades ; il n'y a pas, comme à Nice ou Montpellier, de transition subite du chaud au froid, ni des vents comme à Tours. La ville de Pau est, par sa position naturelle, si bien défendue contre les vents, l'atmosphère qui l'environne est douée de qualités si spéciales qui éloignent leur action, que, dans aucune saison de l'année, la fonction d'un organe, quelque délicat qu'il soit, ne peut être troublée, pourvu qu'on ait le soin de se bien vêtir et de se garantir contre les rayons du soleil. Quelle que soit la quantité de pluie ou le degré de froid, il n'y a pas ici de vents perçants comme en Angleterre, même comme à Nice, Florence ou Rome, qui portent leur rigueur jusque dans les tissus internes des organisations délicates, et jamais l'atmosphère ne communique au corps la sensation de l'humidité glacée. (1) »

Sur cette question du climat de Pau, il faut lire encore M. le Dr Duboué, membre correspondant de l'Académie, dans son *Esquisse de climatologie médicale sur Pau et les environs* (2).

« ... Pour ne laisser subsister aucun doute dans l'esprit du lecteur sur ce point essentiel, je crois, dit-il, devoir transcrire ici *in extenso* une note très précise et d'une autorité qui s'impose, note que je dois à l'obligeance de mon excellent ami, M. Genreau, ingénieur des mines, résidant à Pau depuis plusieurs années.

« La ville de Pau est assise, en grande partie, sur un terrain d'alluvions anciennes qui domine de 30 à 35 mètres de hauteur les vallées de l'Ousse et du Gave. Cette terrasse fait suite au vaste plateau du Pont-Long qui se développe au nord de la ville en s'élevant avec une pente douce, mais cependant assez sensible, jusqu'à la base des coteaux de Buros et de Morlaàs; elle offre ainsi une légère pente générale vers le sud, et comme elle est profondément sillonnée, dans le milieu même de la ville de Pau, par le ravin du Hédas, et, plus au nord, par la dépression qui aboutit au ravin de la Herrère, cette disposition des lieux facilite le rapide écoulement des eaux superficielles, d'une part, de l'est vers l'ouest, suivant la direction de ces deux ravins; d'autre part, vers le sud, dans la vallée de l'Ousse et du Gave. Mais en dehors de ces

(1) A summer in the Pyrénées, vol. II, p. 131.
(2) *Notice médicale sur le climat de Pau.*

circonstances favorables qui résultent du relief du sol, la composition du sous-sol s'oppose également à la stagnation des eaux.

« Cette composition apparaît avec netteté dès que l'on descend dans la vallée de l'Ousse et du Gave par les chemins qui conduisent aux fontaines de Trespoey et de Batsalle, et l'on observe alors qu'au dessous d'un dépôt superficiel d'argile dont l'épaisseur va en diminuant sur les pentes, s'étend horizontalement un puissant dépôt caillouteux et sableux, composé principalement de galets ovoïdes de granit et de gneiss, dont les éléments feldspathiques sont entièrement décomposés. Ces galets qui ont conservé leur forme, mais qui se désagrègent avec la plus grande facilité, sont englobés dans des sables fins, n'offrant aucune adhérence, de telle sorte que tout ce dépôt est essentiellement perméable.

« C'est à la base de ce dépôt que circule la nappe d'eau souterraine du Pont-Long, et qu'apparaissent dans le ravin de la Herrère et dans la vallée de l'Ousse et du Gave les fontaines des Marnières, de Trespoey et de Batsalle. Au dessous de ces dépôts diluviens et à la base de la terrasse qui porte la ville de Pau, se développent les derniers relèvements du poudingue de Palassou, formation puissante de galets calcaires, mais ici compactes et fortement cimentés, qui constitue tout le chaînon du Parc de Pau, ainsi que les coteaux de Guindalos et de Jurançon. La couche superficielle d'argile qui forme le sol de la ville de Pau, en recouvrant le dépôt caillouteux et sableux sous-jacent , a une épaisseur un peu variable suivant les divers quartiers de la ville, mais cette épaisseur ne dépasse jamais deux mètres, même sur le sommet de la terrasse, et elle diminue beaucoup sur les pentes, au point de s'atténuer parfois complètement.

« Cette couche argileuse est peu perméable de sa nature, mais elle a souvent disparu par le fait du remaniement de terrain dans les quartiers habités, et elle est partout traversée par les fondations des nombreuses constructions de la ville, de telle sorte que la couche perméable sous-jacente a été ainsi atteinte sur des points très multiples, et ne se trouve plus isolée de la surface par l'interposition d'un manteau argileux continu et imperméable. Les eaux qui tombent à la surface du sol trouvent donc un écoulement facile dans le sens de la verticale, et elles sont ainsi en grande partie absorbées par le dépôt caillouteux et sableux qui s'étend horizontalement à une faible profondeur au-dessous de la surface, de telle sorte que la composition du sous-sol, comme la disposition générale du relief du sol, facilite le prompt assèchement des terrains de la ville. »

Le docteur Duboué ajoute judicieusement :

« La connaissance de cette constitution du sol et du sous-sol nous explique comment, quelques heures à peine après que la pluie a cessé et *a fortiori* le lendemain, le sol des rues est devenu presque entièrement sec. »

Plus loin, le savant praticien s'exprime de la

sorte au sujet de la tonicité particulière au climat de Pau :

« Cette *tonicité*, propre à notre climat, a été signalée, d'ailleurs, par un médecin distingué du royaume de Hanôvre, qui a passé plusieurs hivers parmi nous et a consigné dans une excellente brochure diverses observations médicales qu'il lui a été donné de faire durant son séjour dans notre ville : « Pau, par les qualités distinctives de son climat, appartient, comme je « l'ai déjà mentionné, à la classe des climats « qui calment l'organisme, qui exercent sur lui « une action sédative. Mais comme on peut y « acquérir un accroissement de force, je crois « aussi qu'en vertu de sa situation particulière « et de certains éléments qu'elle communique à « son atmosphère, cette ville possède en même « temps des qualités propres qui peuvent con- « tribuer à fortifier et à guérir les organes « maladifs ; je considérerais donc le climat de « Pau comme CALMANT ET FORTIFIANT L'OR- « GANISME. (1) »

D'après le docteur Lahillonne, la région de Pau possède un climat où la tuberculose est une maladie fort rare. Cette région partage cet avantage avec un grand nombre d'autres points du globe signalés par la médecine géographique et soumis à un ensemble de conditions telluriques et météorologiques très variables d'un point à un autre. Il établit, en conséquence, qu'on peut envoyer à Pau tout individu pour

(1) F. Schœr : *Essai climatologique*, p. 9.

lequel on craint le développement de la tuberculose : que ce climat convient parfaitement aux malades *éréthiques* et qu'il ne faut même pas le rejeter dans toute forme *torpide* des maladies de poitrine. « Il suffit, pour s'en convaincre, d'avoir observé sur quelques enfants venus avec leurs parents tuberculeux dans notre station, enfants délicats, sous l'influence évidente d'un principe héréditaire mauvais : ces enfants se transforment complètement à Pau ; la vie au grand air les sort de leur torpidité. » Pour les malades, ajoute-t-il, il y a des jours mauvais à Pau comme dans tous les climats analogues, et si un malade croyait pouvoir s'y livrer sans inconvénient pour sa santé à tous ses caprices, à toutes ses fantaisies, il pourrait se tromper cruellement. Il n'y a point un seul climat où le malade de la poitrine puisse agir comme un homme bien portant.

En résumé, dirons-nous avec le docteur Louis, le climat de Pau est bon à toute personne de *constitution délicate* qui, ayant besoin d'exercice, ne peut, sans péril, s'exposer aux brusques variations de l'atmosphère ; de même à ceux qui sont sujets au *catarrhe pulmonaire*. Ce climat offre encore des avantages réels aux phthisiques dont la maladie est à marche plus ou moins rapide accompagnée d'un mouvement fébrile plus ou moins considérable. Les hivers chauds ne sont pas tout. Mieux vaut encore un climat où l'on trouve, avec une température douce une atmosphère calme et sédative, très rarement agitée par le vent et dépourvue d'humidité libre, de magnifiques promenades et toutes les ressources dont la classe riche est habituée à disposer.

LE CHATEAU

HISTORIQUE (1)

Le château de Pau fut commencé, vers 982, par Centule le Vieux, continué par ses successeurs, achevé et embelli par Gaston Phœbus. De cette époque date la grosse tour carrée ou donjon qui porte le nom du célèbre vicomte de Béarn. C'était dès lors, d'après le chroniqueur Froissart, *un moult bel chastel*. Phœbus, qui avait épousé en 1349 Agnès de Navarre, quittait souvent Orthez pour Pau. A sa mort (1391), les Etats de Béarn passèrent à Mathieu de Castelbon, et quelques années plus tard à Isabelle, mariée à d'Archambault de Grailly. En 1416, Jean de Béarn lui succéda; c'était un vaillant guerrier, qui, à côté de Jeanne d'Arc, assista au sacre de Charles VII. Son fils, Gaston X, fit du château de Pau sa résidence, le transforma en un vrai palais royal, construisit les parties est et nord de l'édifice, et créa le parc. C'est lui qui fit de Pau véritablement une ville.

(1). Le château peut être visité tous les jours, de 10 heures du matin à 4 heures du soir l'hiver, et de 10 heures du matin à 5 heures du soir l'été. Il est défendu aux employés de recevoir aucune rétribution.

C'est au château de Pau que François Phœbus, roi de Navarre, mort à seize ans en vrai prince (1481), prêta le serment d'usage aux *fors* du Béarn. Là continuèrent à résider, tenant cour nombreuse, Catherine, unique héritière de Navarre, et son mari, Jean d'Albret. Henri Ier de Béarn, Henri II de Navarre et son tuteur, Allain d'Albret, embellirent encore la royale demeure.

Un traité, par lequel ils s'engageaient à *être les amis de leurs amis et les ennemis de leurs ennemis,* liait le puissant roi de France, François Ier, et le petit souverain de Béarn Henri II. Sommé par Charles-Quint de lui livrer passage, Henri répondit par un refus hautain. En récompense, François Ier lui donna la main de cette princesse que les poëtes appelaient la *perle* des Valois et la *Marguerite des Marguerites* (1527).

En arrivant à Pau, Marguerite livra sa nouvelle demeure à une foule d'artistes italiens, architectes, peintres, sculpteurs et auteurs. Entre leurs mains le sévère manoir gothique devint un magnifique palais de la Renaissance. Ainsi furent construits et décorés les appartements de la face méridionale, le grand escalier et la cour intérieure. Et les Béarnais ravis s'écrièrent alors :

Qui n'a vist le Casteig de Paü
Jamay n'a vist arcy de taü.

En outre, Marguerite entoura le château de jardins splendides, *les plus beaux jardinages*, dit un vieil auteur, *qui fussent pour lors en Europe.*

La fille de Marguerite, Jeanne d'Albret, avait

épousé Antoine de Bourbon, duc de Vendôme. Un premier enfant de ce mariage était mort. Désolé de n'avoir point d'héritier, Henri appela la princesse, grosse une seconde fois, au château de Pau, lui faisant promettre de chanter une chanson béarnaise pendant sa délivrance, « afin qu'elle ne fit pas un enfant pleureux et rechigné ». Le 12 décembre 1553, Jeanne mit au monde, en chantant, un prince que le vieux roi prit dans le pan de sa robe et qu'il emporta dans sa chambre pour lui frotter les lèvres d'une gousse d'ail et lui faire avaler quelques gouttes du vin de Jurançon. Cet enfant devait être Henri IV.

En 1555, la couronne passa à Jeanne d'Albret et à Antoine de Bourbon qui périt sept ans après au siège de Rouen. Quant à Jeanne, activement mêlée aux guerres religieuses jusqu'en 1572, elle mourut à Paris, où elle s'était rendue pour négocier le mariage de son fils avec la princesse Marguerite, sœur de Charles IX.

Les derniers temps du séjour de Jeanne d'Albret au château de Pau furent témoins d'un sombre drame. Après avoir, en dépit d'une capitulation, massacré 3,000 catholiques à Orthez, le farouche Montgommery avait assiégé Terride dans la tour de Moncade. Pressé par la famine, Terride se rendit et on le conduisit à Pau avec dix nobles Béarnais, ses officiers ; conviés à un grand repas qu'ils croyaient être le festin de la délivrance, ils furent tous poignardés. Seul, Terride échappa comme par miracle.

Pendant le séjour de la seconde Marguerite, ce ne furent que fêtes continuelles au château. Mais la capitale des huguenots ne sut longtemps plaire à cette princesse qui se hâta de quitter le « petit Genève de Pau ».

Là résida Catherine de Navarre, la sœur d'Henri IV, tant chérie des Béarnais. Elle y remplaça son frère avec le titre de régente, et fit cesser dans le Béarn la fureur des guerres religieuses qui désolaient toute la France. On vit à sa cour le comte de Moret, fils légitimé d'Henri IV ; Antonio Perez, le ministre disgracié de Philippe II ; Auguste de Thou ; Palma Cayet, l'élève de Calvin, qui mourut catholique et docteur en Sorbonne ; Sully, alors duelliste, galant et danseur, et diane d'Andouins, *la belle Corisande*. Catherine avait fait construire au bas du parc un petit pavillon, aujourd'hui disparu, *Castet Béziat,* le château chéri où elle se plaisait à venir étudier.

Henri IV ayant mandé Catherine à Paris, le peuple accourut en foule aux portes du château, pleurant le départ et craignant de ne pas voir le retour. Catherine promit bien de revenir ; mais mariée au duc de Lorraine (1599), elle mourut à Paris en 1604.

Depuis lors ce fut une décadence pour le château. Henri IV en fit enlever les choses les plus précieuses. En 1620, Louis XIII y séjourna cinq jours pour la pacification du Béarn et la restauration du culte catholique. En partant il fit don d'une partie des tapisseries aux couvents et aux églises. Sous Louis XIV, la tour de Phœbus devint une prison d'Etat, jusqu'en 1822, tandis que les appartements royaux servaient de résidence aux gouverneurs de la province. Durant la période révolutionnaire le palais tout entier ne fut que caserne et écuries.

Louis XVIII voulut en relever les ruines. Des travaux furent entrepris mais bientôt abandonnés. Louis-Philippe, les reprit, en 1838, et ordonna l'ameublement à peu près tel qu'on le voit aujourd'hui. Napoléon III fit pousser plus activement les travaux de restauration, qui, sous la direction de MM. Couvrechef, Ancelot et Lafollye, continuèrent jusqu'au mois d'août 1870. En 1808, Napoléon Ier, accompagné de Joséphine et d'une suite nombreuse, avait visité le château ; en 1814, ce fut le duc d'Angoulême. Abd-el-Kader y fut interné en 1848 ; Napoléon III l'habita en 1854, et la princesse Marie de Bade, mariée au duc d'Hamilton, du mois de décembre 1856 au mois d'avril suivant ; enfin, précipitée du trône en 1868, la reine Isabelle d'Espagne y fixa pendant quelque temps sa résidence.

DESCRIPTION

Le château de Pau forme un pentagone irrégulier que dominent un donjon et quatre tours. Il est entouré d'une esplanade au bas de laquelle coule du nord au sud-ouest le Hédas, au midi un bras de l'Ousse.

Si l'on y entre du côté de la ville, par la rue du

Château, on traverse d'abord un pont de pierre et brique construit sous Louis XV, pour remplacer le pont-levis qui se trouvait où s'élève actuellement la chapelle. — A droite et à gauche est une large tranchée, autrefois fossé d'enceinte, transformé, depuis 1826, en une belle allée avec parterres, pelouses et ombrages. Adossées à la rue sont les *remises* et les *écuries*, avec chambres pour les gens de service. — Au bout de ce pont, à gauche, la chapelle bâtie en 1840 : les sculptures de la porte et des fenêtres sont dignes d'attention. — En face, laissant voir la cour d'honneur au milieu de toutes les constructions, un beau portique à trois arcades, style renaissance, soutient une terrasse avec balustrade sculptée ; ce portique va du donjon à des bâtiments neufs élevés à la place d'une affreuse prison qu'on appelait la *Chancellerie*. Commencé en 1859, sous la direction de M. Ancelot, le portique fut terminé en 1864. Au-dessous de la loge du portier, il faut voir un beau médaillon de Henri II, et de l'autre côté, au-dessus de la porte des bureaux de la régie, un médaillon de Marguerite de Valois.

A l'entrée de la cour d'honneur, côté gauche, s'élève le gros donjon carré, appelé aussi tour de Gaston Phœbus et jadis *tour des tuiles*, parce qu'il est uniquement construit en briques. Il a trente-quatre mètres de hauteur. En 1820, un ouragan en enleva la toiture d'ardoise, remplacée maintenant par une plate-forme. Sur la face de l'est, on voyait jadis un balcon où le président des Etats de Béarn venait proclamer le nom de chaque souverain nouvellement élu.

A droite, la *tour neuve*, élevée sous Napoléon III et faisant partie des bâtiments neufs.

Les façades de la cour d'honneur méritent une attention toute particulière. Leur ornementation renaissance est due, en grande partie, à Marguerite de Valois.

EXTÉRIEUR

En sortant sur l'esplanade, on trouve :

Au nord-est, la tour de *Montaüset,* c'est-à-dire Monte-oiseau, ainsi nommée parce qu'elle n'avait point d'escalier. On arrivait aux étages supérieurs par des échelles qu'en cas de siége les gardes retiraient après eux. Là se trouvaient, dit-on, des oubliettes. Y compris la toiture, cette tour a 33 mètres de hauteur.

Des trois autres tours, l'une, au nord-ouest, porte le nom de Bilhères, parce qu'elle regarde ce village où Henri IV fut nourri ; celle du sud-ouest s'appelle Mazères, du nom d'un château cher aux Béarnais ; la troisième, absolument semblable à Mazères, fut construite entre les deux autres — sous le règne de Louis-Philippe. Ces trois tours ont 30 mètres de hauteurs.

Les courtines qui reliaient les vieilles tours ont successivement disparu pour faire place à des constructions nouvelles, à mesure que la demeure royale s'embellissait aux dépens des fortifications, et que le château fort devenait un palais. On voit encore au premier étage de l'aile méridionale une galerie de machicoulis ;

l'ancien chemin de ronde est enseveli dans la profondeur de la muraille. Cette aile du midi a été restaurée par Henri II. Entre ce corps de bâtiment et le donjon se trouvait primitivement la seule entrée du château, auquel on ne parvenaît que par un étroit passage et six portes bien défendnes. — On y voit maintenant une grille élégante, tout récemment élevée à la place d'une affreuse poterne datant du XVIIIe siècle. Sur l'esplanade du nord, que contourne le Hédas, on trouve la *porte Corisande*, protégée jadis par un pont-levis jeté sur le ravin. — Au midi, adossée aux anciens remparts, une vieille tour en ruines : c'est l'ancienne *tour de la Monnaie*, placée en face d'un pont dont les piles paraissent encore au milieu du Gave. La Monnaie, établie à Morlàas, avait été transportée dans cette tour en 1524 ; elle y fonctionna jusqu'à la Révolution. Espérons que le jour de la restaurtion luira aussi pour elle. Au pied de cette tour se trouve une place : c'est la *basse ville*, autrefois le *Camp bataillé*. Là se livraient les combats judiciaires, qui restèrent autorisés en en Béarn jusqu'à l'abolition du droit coutumier.

De la cour d'honneur les visiteurs pénètrent dans le château par une petite porte située au fond de cette cour à droite. C'est par là que commence l'itinéraire habituel des visites.

INTÉRIEUR

REZ-DE-CHAUSSÉE DU MIDI

Salles des gardes. — Pièce voûtée, d'un cachet antique, avec une immense cheminée ; fauteuil ogival, en chêne sculpté aux armes de France et de Navarre ; lustre en cuivre verni, style Renaissance.

Salle à manger des princes. — Les officiers de service s'y tenaient. Voûtée comme la précédente. Deux statues en carton-pierre : Henri IV et Sully. En 1865, une arcade a été pratiquée dans le mur du côté du parc. De là, quand un escalier en projet aura été construit, on pourra descendre dans le jardin dit de l'Hémicycle.

Salle à manger des souverains. — Elle a 26 mètres de longueur et 11 de largeur. C'était jadis la salle d'armes, où les princes et les nobles étaient armés chevaliers. Les portraits des souverains du Béarn la décoraient : Louvois les fit transporter à Paris en 1690. Les Etats du Béarn s'y rassemblèrent. En 93, on en fit une écurie militaire. Là, trois beaux lustres ; riches tapisseries de Flandre : *les Mois*, Juin, Septembre, Novembre et Décembre, et des scènes de chasse que François Ier avait fait faire pour son château de Madrid du bois de Boulogne. Au fond, une statue en marbre blanc très-ressemblante de Henri IV, due au ciseau de Francheville, sculpteur de Louis XIII. Dans les épaisses murailles passe le vieux chemin de ronde.

Escalier d'honneur. — Un des beaux escaliers de la Renaissance ; les voûtes sculptées d'arabesques et de rosaces aux initiales H. R., M. R., séparées par une sorte d'S. Il faut lire : Henri, Roi ; Marguerite, Reine. Cet escalier a été restauré en 1869.

PREMIER ÉTAGE

Salon d'attente. — Autrefois l'antichambre des officiers de service. Trois tapisseries des Gobelins, deux tapisseries de Flandre, une de Bruxelles : *le Cerf forcé*. Sièges en chêne sculpté, consoles Renaissance, table en marbre des Pyrénées, vases en porphyre oriental.

Salon de réception. — Là furent massacrés, le 24 août 1569, les dix compagnons de Terride. Cheminée Renaissance. Tapisseries de Flandre faites pour le château de Madrid du bois de Boulogne : *les Mois*, Octobre, Juillet, Mars, et divers sujets de pastorale. Table recouverte d'une mosaïque de porphyre et d'agate de Suède : c'est un cadeau de Bernadotte. Vases de Sèvres.

Salon de famille. — Autrefois salon de la reine Marguerite. Très-belle cheminée sculptée. Statue en bronze d'Henri IV enfant Table en porphyre rose de Suède, cadeau de Bernadotte. Tapisseries des Gobelins.

Chambre à coucher du souverain. — Cette pièce, qui date de Gaston Phœbus fut occupée par Louis XI, François Ier, Charles Quint et Isabelle II. Très-belle cheminée sculptée. Tapisseries de Flandre : *les Mois*, Janvier, Février, Avril, Octobre. Lit en chêne ; siége en noyer sculpté, forme ancienne ; fauteuil, prie-Dieu et bahut, style gothique. Coffre de Jérusalem, orné de cuivres découpés à jour et dorés, avec tiroirs de diverses dimensions fermant à clef et à secret, incrustés d'ivoire. Il fut apporté de Jérusalem par un grand maître de Malte, où il fut acheté en 1838.

Cabinet du souverain. — Tentures en laine et soie rehaussée d'or, de Bruxelles et des Gobelins. Glace de Venise.

Boudoir de la reine. — Six tableaux en tapisseries des Gobelins : Sully aux pieds d'Henri IV ; — Henri IV chez Michaud ; — Adieux de Henri IV à Gabrielle ; — Evanouissement de Gabrielle ; — Henri IV rencontrant Sully blessé ; — Henri IV devant Paris. — Glace de Venise.

Chambre à coucher de la reine. — Quatre tableaux des Gobelins : Henri IV devant Paris ; — Evanouissement de Gabrielle ; — Chez le meunier Michaud ; — Rencontre de Sully blessé. Armoire renaissance, noyer et frêne ; glace de Saint-Gobain d'une seule pièce.

Salle de bain. — Baignoire en marbre rouge des Pyrénées. A la suite, deux petites pièces dites des Atours.

DEUXIÈME ÉTAGE

1re Chambre. — Elle fut occupée, en 1848, par Abd-el-Kader et sa famille ; en 1868, par l'infant don Sébastien. Tenture en tapisseries de Bruxelles : *les Mois grotesques*, Août, Mai, Août, Janvier, Janvier. Lit curieux, couvert de tapisseries au petit point exécutées pour Louis XIV par les dames de Saint-Cyr. L'écran pareil représente l'allégorie de la France armant Jeanne d'Arc. Bahut gothique, en chêne et noyer sculpté. Sur un tableau en chêne sculpté, le plan en relief du château avant les restaurations.

2me Chambre. — Tapisseries de Flandre par Van den Kecke : sujets flamands. Joli bahut, vieux chêne renaissance.

3me Chambre. — Tapisseries de Bruxelles : l'Histoire de Psyché, en cinq parties.

4me Chambre dite d'Henri IV. — Là naquit Henri IV, le 14 décembre 1553. On y voit le berceau royal, formé d'une écaille de tortue supportée par six lances ornées de drapeaux blancs brodés par Mme la duchesse d'Angoulême. — Tapisserie de Bruxelles : *les Mois grotesques ;* personnages allégoriques de la fable, en quatre parties. Curieuse couchette en noyer sculpté avec panneaux et plafond orné de soixante-quatorze portraits de rois. Elle provient, dit-on, du château de Richelieu. Bahut ogival.

5me Chambre, dite de Jeanne d'Albret. — Cinq tentures des Gobelins très-belles. Tapisserie de Flandre. Lit en chêne richement sculpté : sur le panneau du devant, un guerrier endormi et un hibou, emblémes de la nuit et du sommeil. Il porte la date de 1562 ;

on le croit d'origine béarnaise. Deux bahuts gothiques. Siéges Louis XIII.

Cabinet de Jeanne d'Albret. — C'était l'oratoire de la reine. Deux tableaux en tapisserie des Gobelins : Henri IV et Sully à Fontainebleau, et Sully blessé.

Suivent les pièces qui servent d'appartement à l'architecte du palais.

TOUR DE GASTON PHŒBUS

Le rez de-chaussée est un corps de garde ouvert sur l'esplanade du midi. — Au premier étage, le salon d'attente et le grand salon forment la bibliothèque, près de 6,000 volumes, provenant presque en totalité d'une collection achetée à M. Manescau, ancien maire de Pau. — Au 2e étage, trois tapisseries de Flandre. — Au 3e étage, tentures des Gobelins. — Au 4e étage, tentures des Gobelins : *les Maisons royales*. Par un escalier en pierre, pratiqué dans l'épaisseur de la muraille, on atteint la plate-forme, d'où la vue embrasse, sur Pau, ses environs et les Pyrénées, le plus magnifique panorama.

La chapelle a été construite sur l'emplacement de l'ancien pont-levis. C'est la porte même de ce pont qui sert de chevet à la chapelle. Une plaque de marbre blanc indique la date de 1592. — Au-dessus de la porte de la tribune, qui s'ouvre sur le salon du premier étage de la tour, se voit une vieille pierre, écusson aux armes de Foix et de Béarn avec la légende : *Febus me fe.* — Il y a là un beau vitrail de Piroussel d'après Zurbaran.

APPARTEMENTS DU NORD

Ces appartements du nord ne sont pas ouverts au public à moins d'autorisation spéciale. Ils n'offrent pas d'ailleurs l'intérêt de ceux du midi ; les grands dignitairesde la couronne les occupaient. On les appelait, autrefois, « l'appartement des reines ». En 1213, Blanche de Castille y logea. Un siècle après, c'est là que Marguerite de Bourgogne commença sa fatale intrigue adultère. En 1498, Jeanne de Valois, épouse répudiée de Louis XII, vint y chercher les consolations de la reine Catherine.

L'antichambre du premier étage possède une belle tapisserie des Gobelins : *les Maisons royales*, en six parties. Dans le salon, suite des mêmes tentures, avec un beau bahut renaissance. Dans la chambre à coucher, encore les *Maisons royales*.

Antichambre du deuxième étage : toujours la suite des *Maisons royales*. Les tapisseries du salon et de la chambre à coucher sont, d'après M. de Lagrèze, les plus intéressantes du palais. Elles forment cinq tableaux de la vie de saint Jean-Baptiste : le désert, le baptême, la prédication, le chef du saint porté à la cour et la présentation de ce chef au roi. « Rien de plus curieux, de plus brillant de couleur, que tous ces personnages en costume du temps de Louis XII et de François 1er. » Ces tapisseries sont de Flandre, mais on ne sait d'où elles proviennent ;

le baron d'Henneville les a découvertes dans le garde-meuble de la couronne, où aucun inventaire ne les mentionnait. Mais, remarque l'auteur du *Château de Pau*, dans la description des tapisseries de laine envoyées du château à Paris, en 1602, on trouve mentionnées huit pièces de l'histoire de saint Jean. Ce sont donc les mêmes tentures qui, probablement après plus de deux siècles, sont venues décorer de nouveau le palais de Marguerite de Valois.

Les souterrains du château sont occupés par les cuisines et les fourrières. Pendant les guerres de religion, ils ont été le dernier refuge des catholiques poursuivis par Jeanne d'Albret et protégés par Marguerite de France.

ÉDIFICES

Hôtel de Ville. — L'hôtel de Ville occupe, depuis dix années, un vaste bâtiment élevé par une société d'actionnaires, entre la rue St Louis et la place Royale, sur les ruines d'une église qui n'avait jamais été achevée. Construit en vue de spéculations particulières, cet édifice, qui contient aussi le théâtre, répond assez mal à sa destination nouvelle

L'entrée principale, faisant face à la place Royale, est formée par un grand portique orné de deux cariatides et de sculptures. Par un grand vestibule, on entre dans une cour intérieure couverte et vitrée, au fond de laquelle, dans l'angle à gauche, se trouve une salle de spectacle. Le rez-de-chaussée et l'entresol sont occupés par un café et divers magasins. Les bureaux de la mairie, en partie du moins, occupent le premier et le second étage où se trouve également une vaste salle de concert.

Palais de Justice. — Cet édifice, commencé en novembre 1847, ne fut achevé qu'en 1855. Il a été construit sur les vastes terrains d'un ancien cloître de Cordeliers, qui forment aujourd'hui, outre le palais, deux rues spacieuses à droite et à gauche, et deux places élégantes et très soignées, la place Saint-Jacques, située devant la façade principale, et la place Duplaà derrière, où débouchent les rues Duplaà et d'Orléans, très bien bâties.

Un péristyle lourd, fronton soutenu par quatre colonnes dans le style ordinaire à ce genre d'éfices forme l'entrée principale. On trouve d'abord le vestibule ; à droite et à gauche, les deux salles de justice de paix ; puis, l'immense salle des pas perdus, voûtée en pierre : à droite, le Tribunal de première instance, à gauche le Tribunal de commerce. Au fond et au milieu se trouve la salle des assises ; à gauche, la première chambre des appels où la Cour tient ses audiences solennelles, et qui mérite particulièrement l'attention du visiteur; à droite la deuxième chambre.

Eglise Saint-Jacques. — Ce monument tout moderne, œuvre de M. Loupot, de style ogival, est moderne. Il a été bâti près du palais de justice, sur l'emplacement de l'ancienne église des Cordeliers, au moyen de souscriptions. La façade, regardant le sud, dans l'axe de la rue des Cordeliers, est flanquée de deux flèches élégantes. L'intérieur de l'église est très bien décoré ; les fenêtres de l'abside ont de beaux vitraux d'un ton sombre.

Eglise Saint-Martin. — De construction encore plus récente. Elle est située entre le château et la place Royale, sur un terrain autrefois occupé par l'hôtel de Gontaut-Birôn. Cet édifice est dans le style du XIII siècle : la façade dont la flèche est très élégante et pleine de hardiesse, regarde le nord. A l'intérieur : maître-autel à baldaquin, sanctuaire orné de marbres riches, beaux vitraux. De belles peintures murales, décorent l'abside et les chapelles du transept. De la galerie de la flèche, on découvre un panorama très étendu. L'église s'élève au milieu d'un square charmant plein de verdure et de fleurs, en face des Pyrénées, dominant le boulevard du Midi, dont il est séparé par unebalustrade en marbre, avec un escalier également en marbre. Du chemin de la gare, près du Gave, l'abside de Saint-Martin produit le plus gracieux effet.

Chapelle des Jésuites. — Rué Montpensier. Cette chappelle, construite dans le style roman. Elle est fermée depuis l'exécution des fameux décrets, relatifs à certains ordres religieux.

Chapelle des Ursulines. — La

chapelle de ce couvent est d'un style ogival très pur. L'entrée se trouve rue Notre-Dame, au centre de la ville.

Parmi les autres édifices religieux, voir la CHAPELLE DU COUVENT DES CARMÉLITES, route de Trespoëy; le principal TEMPLE PROTESTANT, construit par la colonie anglaise de Pau, rue Serviez, sur le bord du ravin du Hédas ; la CHAPELLE DES PRESBYTÉRIENS, près la rue Montpensier ; la CHAPELLE ÉCOSSAISE, dans l'avenue du Grand-Hôtel ; la CHAPELLE GRECO-RUSSE, LA CHAPELLE DES PUSEYSTES, dans la rue Calas, et, rue Bié du basque, la CHAPELLE DES R. P. FRANCISCAINS, la CHAPELLE, encore inachevée des RELIGIEUSES RÉPARATRICES, à la suite du Parc Beaumont dans l'avenue de Batsale; l'église des DAMES DE ST-MAUR, Boulevard d'Alsace et rue St-Maur ; CHAPELLE DE L'HOSPICE, Place Bosquet ; CHAPELLE DE LA MISÉRICORDE, Place des écoles ; CHAPELLE DE L'ASILE ST-LUC.

Lycée. — Ancien édifice, construit au XVIIe siècle pour servir de collége aux Jésuites. C'est un des plus beaux Lycées et des mieux situés de France. Il possède un grand parc qu'un mur seul sépare du Jardin public.

St-Louis — Cette église, dans le style grec, rue St-Louis de Gonzague, en face les rues Latapie et des Arts, est contiguë au Lycée auquel elle sert de chapelle. Les peintures murales en sont récentes.

Caserne. — La caserne est bâtie au N.-O.

de la ville, au fond de l'esplanade de la Haute-Plante; c'est une des plus vastes de France. Du toit, naguère en terrasse, la vue est splendide sur toute la chaine des Pyrénées et sur la vallée du Gave, jusqu'au delà d'Orthez.

RENSEIGNEMENTS

ARRIVÉE A PAU. — HOTELS. — CHOIX D'UN QUARTIER. — APPARTEMENTS. — USAGES. — DOMESTIQUES.

Lorsqu'on connaît la station où l'on va passer un temps plus ou moins long, il est facile de retenir à l'avance son appartement, si l'on ne veut pas demeurer à l'hôtel. Mais, lorsqu'on y arrive pour la première fois, il est indispensable de descendre dans l'un de ces hôtels organisés spécialement pour les étrangers en quête d'une villégiature confortable. Une fois installé, on peut, en toute connaissance de cause, ou rester à l'hôtel, ou prendre un appartement et choisir son quartier.

C'est aussi ce que nous conseillons aux étrangers qui arrivent à Pau.

D'abord consulter son guide, faire choix de l'hôtel où l'on veut descendre, le demander à l'arrivée en gare et ne pas se laisser détourner par les importunités dont ne se font pas faute les conducteurs d'omnibus. Si l'on a l'intention de demeurer à l'hôtel, on fera bien de choisir de suite et de déterminer le prix de la location et de la pension. Tous les hôtels font ainsi une certaine réduction sur le prix de leurs tarifs.

Si l'on désire habiter une maison particulière, on devra parcourir d'abord un peu la ville afin de choisir un quartier qui convienne. On peut se loger à Pau à peu près dans tous les quartiers ; ceux du midi sont préférables, ce sont aussi les plus chers. On peut trouver encore, soit en ville, soit au dehors, sur les routes de Bordeaux, de Tarbes, de Trespœy, etc., ou de l'autre côté du Gave, près de Jurançon, de Gélos, et sur les coteaux, de nombreuses et charmantes villas, petites et grandes, offrant tout le confortable désirable. Au commencement de la saison, surtout pour les villas et les grands appartements, on ne loue guère que pour toute la saison, mais le plus souvent aussi avec la faculté de sous-louer.

Un très grand nombre de maisons sont construites et disposées pour les étrangers hivernants ; il n'est donc point difficile, à moins d'une affluence exceptionnelle, de trouver un appartement selon son goût. Nous aurions voulu pouvoir déterminer approximativement le prix des locations, selon les quartiers et d'après la grandeur des appartements ; mais ces prix varient sans cesse, soit en plus, soit en moins, et nous avons dû renoncer à fournir cette indication.

Voici, toutefois, quelques autres renseignements sur les différents usages : les appartements garnis se louent généralement à la saison, qui est de cinq à six mois ; la location à l'année entière ne subit relativement qu'une minime augmentation, si le bail commence en juillet, août et septembre. Avant de prendre possession du logement, il est indispensable de faire un inventaire du mobilier, des ustensiles de cuisine, en un mot de tout ce que renferme l'appartement loué. Leur état, bon ou mauvais, doit être constaté sur l'inventaire. A la sortie on ne doit rien payer pour les dégradations provenant de l'usage ; mais tous les objets sérieusement avariés ou perdus doivent être remplacés. Cependant, pour l'ameublement, on ne paie que le prix de la dégradation. Pour établir l'inventaire, il y a intérêt à se faire représenter par un agent d'affaires. Le propriétaire est tenu à toutes les réparations indispensables. Si le bail est fait pour huit mois, le prix se paye moitié en entrant, moitié à l'expiration du quatrième mois de location. Ce même mode de payement se pratique, quelle que soit la durée de la location. On ne fournit pas le linge ni l'argenterie pour les maîtres. On trouve facilement à louer du linge et de l'argenterie soit au mois, soit à la saison. On trouve aussi facilement des domestiques, soit qu'ils s'offrent eux-mêmes, soit qu'on s'adresse aux bureaux de placement. Les domestiques béarnais sont d'excellents serviteurs. Une femme de chambre se paie de 30 à 45 fr.; un valet de chambre de 50 à 80 fr. par mois ; une cuisinière de 30 à 50 fr. par mois. On doit les avertir quinze jours d'avance ou leur payer quinze jours de gages, lorsqu'on veut les renvoyer.

HOTELS

Sont spécialement organisés pour les étrangers hivernants les Hôtels : de *Gassion,* boulevard du Midi et square Saint-Martin ; *de France,* place Royale ; *Beau-Séjour,* rue du Lycée ; de *La Paix,* place Royale ; le *Grand-Hôtel,* avenue du Grand-Hôtel ; de *La Poste,* place Grammont ; de *Londres,* route de Bordeaux, est un hôtel privé ; *Bellevue* (privé), place Royale ; *Splendide* (privé), boulevard du Midi.

Dans les trois premiers on peut se traiter, nourriture et logement compris, à partir de 12 fr. par jour ; dans les autres, à partir de 9 fr.

Autres hôtels : *Henri IV,* place de la Halle ; *de l'Europe,* rue Préfecture ; *de la Dorade,* rue Préfecture ; *du Commerce,* rue Préfecture ; *de Paris,* rue Notre-Dame ; de *La Pomme d'or,* rue de la Nouvelle Halle ; de *La Fontaine,* rue de la Fontaine.

Grand hôtel Gassion. — 20 salons de famille, 240 chambres de maître. L'ameublement est des plus confortables. Plusieurs appartements sont très-richement meublés.

Le service hydraulique est complet à tous les étages ; à l'entresol, on trouve des cabinets de bain avec douches très-confortablement installés. Toutes les chambres sont en communication télégraphique avec un bureau central d'où les ordres se transmettent immédiatement à un nombreux personnel. Un ascenseur hydraulique communique à tous les étages.

La façade de l'hôtel, sur le boulevard du Midi, est bordée par un beau jardin d'hiver communiquant avec les salles de table d'hôte et de restaurant où l'on donne aussi quelquefois des concerts.

Hôtel de France. — 150 chambres de maîtres et 18 salons. Plusieurs de ces appartements sont luxueusement meublés. L'escalier est très-vaste et fort doux. Dans une annexe, située entre le corps principal de l'hôtel et le Cercle anglais, on trouve des appartements très-confortables et éloignés de tout bruit.

Hôtel Beau-Séjour. — Cet établissement est installé surtout pour des familles nombreuses. Il comprend 200 pièces et 15 salons particuliers. Ces appartements sont bien disposés ; l'ameublement en est confortable, élégant.

Grand-Hôtel. — Divisé en deux parties, l'une connue sous le nom d'hôtel Monpays : l'autre spécialement sous le nom de Grand-Hôtel. Celui-ci comprend huit appartements composés chacun de salon, boudoir, salle à manger, trois chambres de maîtres au midi et deux au nord, avec quatre chambres de domestiques.

L'hôtel Monpays contient quatre appartements semblablement disposés.

Hôtel de la Poste. — Cet établissement est l'une des plus vieilles renommées de Pau. Il se compose de 7 salons, 45 chambres de maître et 4 salles à manger ; celle de la table d'hôte est très-belle et fort vaste. Cet hôtel est situé place Grammont.

Hôtel de la Paix. — Situé place Royale

dans les bâtiments qui la bordent à l'ouest. Il contient 100 chambres de maître, 12 salons, des salons de lecture, etc.

Hôtel de Londres. — Cet hôtel, situé près de la route de Bordeaux et de la Haute-Plante, sur la route de Billère, est à proprement parler une maison privée se louant par étages. Il contient ainsi 4 grands appartements. On y jouit d'une belle vue, sur la chaîne des Pyrénées.

RESTAURANTS ET PENSIONS PRIVÉES

Restaurants. — *Gassion*, à l'hôtel Gassion, entrée par le boulevard du Midi ; — *Bernis*, rue Préfecture, jouissant d'une excellente réputation ; *Taylor*, rue Samonzet ; du Helder, *Humarau*, rue Notre Dame ; *Gros*, place Saint-Louis de Gonzague ; *Neuf*, rue des Arts.

Il convient d'ajouter à cette liste le *Buffet* de la gare, confortablement installé et bien servi.

Pensions privées. — *Hattersley*, rue Porte-Neuve ; *Sarda*, rue Porte-Neuve ; *Pitté*, rue d'Orléans ; *Maison Colbert*, rue Montpensier.

Dans la plupart de ces maisons on loue des chambres et appartements au mois à la saison, service compris. Les prix en sont modérés.

Cafés principaux. — *Champagne*, place Royale ; *du Théâtre*, place Royale ; *Gil*, rue

Bayard ; *du Commerce,* rue Préfecture ; *de la Dorade,* rue Préfecture ; *du Sport*, rue Préfecture.

Fabrique de bière : Heïd, rue Marca.

Les familles installées dans des appartements particuliers trouvent à Pau toutes les facilités d'alimentation, des vins de toutes qualités et provenances, des épiceries de premier choix, des confiseurs et pâtissiers renommés.

Deux fabriques de glace sont installées à Jurançon ; leurs voitures parcourent chaque jour les rues de la ville.

HALLES ET MARCHÉS

Comestibles, poisson, viande, légumes, fruits, fromages, gibier et volaille morte, à la Halle-Neuve, et à la Halle de la Place des Écoles ; — *volaille vivante, oies et canards* à la Halle Vieille ; — *bois,* place des Ecoles ; — *foin et paille,* Haute-Plante (côté nord).

Le grand marché des produits ruraux se tient tous les lundis. Les céréales, les fromages et la friperie se vendent à l'ancien asile, rue du Musée, Les races bovine, ovine et porcine ont leur forail près du boulevard du nord ; l'on y arrive par la rue des prisons, et par l'avenue St-Maur. Le marché aux chevaux se tient au nord de la Haute-plante.

La vente des pommes de terre et du jardinage la ieu place des écoles.

Bains. — Rue des Ponts ; — à la fontaine de Trespoey ; rue Réveil ; place Mulot ; côte de la Fontaine ; 13 et 15, rue d'Orléans ; rue Alexander-Taylor.

On trouve dans les deux derniers établissements tout le matériel hydrothérapique.

Postes et Télégraphes. — Rue des Arts, 24. Il y a neuf boîtes supplémentaires : 1° place Grammont ; — 2° rue Montpensier, près de la gendarmerie ; — 3° rue Bayard, 14, prés de la Haute-Plante ; — 4° rue Porte-Neuve ; — 5° au Pont du Gave, côté de Jurançon ; — 6° rue des Cultivateurs, n_o 27 ; — 7° rue Serviez, n° 30 ; — 8° à la Préfecture ; — 9° à la gare du chemin de fer. Les lettres seules doivent être jetées dans ces boîtes.

Nous ne donnons pas le tarif postal, souvent modifié. On doit, — dans le doute, consulter directement les employés de la poste. — Les lettres dont l'affranchissement est insuffisant payent à destination le même droit que les lettres non-affranchies, déduction faite du timbre apposé. Les échantillons ou papiers d'affaires doivent être affranchis par l'expéditeur, sous peine d'être, à destination, taxés comme lettres, d'après leur poids. Le poids des échantillons ne doit pas excéder 350 grammes ; celui des imprimés et papiers d'affaires 3 kilogrammes. Le paquet doit pouvoir être facilement ouvert par l'administration. On n'y peut introduire aucune correspondance, sous peine de 50 à 300 francs d'amende. Les journaux indiquent les heures des différents courriers. Les bureaux de la poste sont ouverts de sept heures du matin à neuf heures du soir, et le dimanche de sept heures du matin à trois heures du soir. Les chargements doivent être remis une heure avant le départ des courriers.

Les bureaux du Télégraphe sont ouverts, du 1er octobre au 1er avril, de huit heures du matin à minuit ; et du 1er avril au 1er octobre, depuis sept heures du matin. Pour les tarifs, demander en cas de doute les renseignements au bureau même. L'employé doit délivrer, moyennant dix centimes, un reçu de la dépêche, timbré du jour du dépôt, indiquant le lieu de destination et la taxe payée.

Banquiers. — MÉRILLON, en face la Halle-Neuve ; SOCIÉTÉ GÉNÉRALE (succursale), rue Latapie ; — BURON et RIVARÈS, rue Nouvelle Halle ; — DARAN et HOO-PARIS, 8, place de la Halle-Neuve; POST, vice-consul des États-Unis, et BAYLAC, 21, rue Latapie

Vice-consulats : d'Angleterre et des Etats-Unis, A. Post, rue Latapie ; — des Pays-Bas, M. de Woogt, rue Saint-Jacques ; — du Portugal, M. J. Mérillon, place de la Halle, 21.

Voitures de remise. — Les loueurs sont très nombreux dans tous les quartiers de la ville.

Voici le tarif :

Landaus :	l'heure, 4 fr.,	demi-journée, 12 fr.,	la journée, 20 fr.
Mylords :	— 3 fr.,	— 10 fr.,	— 20 fr.

Voitures de place. — Quarante voitures de place parcourent la ville. Le bureau central, pour les réclamations, est situé au kiosque de la Halle-Neuve. Les stations sont : place Royale, place de la Halle, place Grammont, place Duplàa — derrière le palais de Justice —, place Bosquet, place Gassion.

Un tarif est délivré par le cocher à ceux qui en font la demande. Il porte le numéro de la voiture et sert en cas de réclamation. Toute voiture prise à la course sera payée à l'heure après un stationnement de cinq minutes avant le chargement. La première heure se paye toujours entièrement ; les suivantes se règlent par quart d'heure. Toute voiture commandée et renvoyée a droit au payement d'une demi-course. Voici le tarif :

Voitures à 2 places :

	Jour		Nuit	
La course, jusqu'aux limites de l'octroi.	0 fr.	75	1 fr.	00
La course de trois kilomètres à partir de la Halle.	1		1	50
L'heure.	1	50	2	
Après le troisième kilomètre en plaine.	2			
— sur les coteaux.	2	50		

Voitures à 4 places :

	Jour		Nuit	
La course, jusqu'aux limites de l'octroi.	1	25	1	75
La course de trois kilomètres à partir de la Halle.	1	50	1	75
L'heure, jusqu'à trois kilomètres.	2	00	2	50
De neuf à douze kilomètres en plaine.	2	50	3	00
— sur les coteaux	2	00	3	50

Les colis se payent : un colis 25 cent., deux colis et au-dessus 50 cent., chargement et déchargement compris. — Le tarif de nuit commence à 10 heures du soir.

Voitures publiques. — POUR : MORLAS-LEMBEYE, rue des Arts ; PONTACQ, rue des Arts ; GARLIN, côte de la Fontaine.

Omnibus. — Correspondance du chemin de fer.

Bureaux : Place Grammont. Le prix des places de la gare en ville est de 25 cent, par personne et par colis. Il y a aussi de petits omnibus de famille à 3 fr. ou 3 fr. 50.

En outre, tous les hôtels ont leurs omnibus qui font le service de la gare à tous les trains.

Loueurs de chevaux. — Les principaux loueurs sont : MM. LARREGAIN, POUYLAUD et LANUSSE.

Les chevaux se paient comme suit : pour la promenade d'une demi-journée, 5 francs ; — pour la chasse, 25 à 30 fr ; — au mois, 300 fr. Il est bon, quand on loue un cheval à la journée, de bien spécifier le parcours que l'on veut suivre.

CASINO

PLACE ROYALE.

Installé provisoirement au sud de la Place Royale et en contre-bas de celle-ci, le Casino contient une salle de concerts où l'orchestre se fait entendre les jours de pluie, des salons de lecture, un fumoir, etc., etc., etc.

Les prix d'entrée et d'abonnement sont affichés à la porte.

CERCLES

Pau possède plusieurs cercles très-fréquentés :

CERCLE ANGLAIS, situé place Royale, composé surtout de sujets britanniques et américains ; mais on y reçoit aussi des personnes appartenant à d'autres nationalités ;

CERCLE DE L'UNION, place Royale, au-dessus du café Champagne, plus particulièrement composé de notabilités du pays et aussi des Français de distinction de passage à Pau ou fixés dans les environs ;

CERCLE NATIONAL, place Royale et Boulevard du Midi, composé surtout de l'élément local.

Pour se faire admettre dans ces cercles divers, il faut se faire présenter, poser sa candidature, laquelle est ensuite discutée et acceptée ou rejetée au scrutin. L'admission est constatée par l'administration du cercle qui délivre une carte d'entrée.

Le CERCLE CATHOLIQUE, rue Facture, suit les règles propres aux établissements du même genre.

THÉATRE

Le théâtre est situé au fond des vastes bâtiments de l'Hôtel de ville. La salle est élégante et peut contenir environ quinze cents personnes.

La saison théâtrale commence vers la fin d'octobre et se termine à la fin de mars. On jouait autrefois l'opéra italien, on joue maintenant l'opéra français, l'opéra-comique et l'opérette. Il y a spectacle les mardi, jeudi, samedi et dimanche. Les conditions de l'abonnement sont très-modérées.

ORCHESTRE MUNICIPAL

L'orchestre Municipal se fait entendre tous les jours, soit au kiosque du Parc Beaumont. soit au Casino, selon le temps qu'il fait.

CIRQUE

La salle du Cirque est située place des Ecoles. Chaque année, des troupes équestres viennent y donner plusieurs séries de représentations.

MÉDECINS

Médecins. — MM. *Aris,* place Bosquet, 28 ; *Bordenave,* rue Gassies, 88 ; *Boy,* 3, rue d'Espalungue ; *Duhourcau,* rue Serviez ; *Cantonnet,* rue Nouvelle-Halle, 20 ; *Chluda,* place Bosquet, 11 ; *Coueylas,* place Bosquet, 7 ; *Cucq,* rue Mourot, 2 ; *Daran,* rue Latapie, 10 ; *Ferré,* rue du Lycée, 25 ; *Gaye,* rue Bernadotte, 20 ; *Herr,* rue Nogué,

10 ; *Cami-Debat,* rue des Cordeliers, 2 ; *Lacoste,* place de la Nouvelle-Halle ; *Lafont,* rue Montpensier, 9; *Lahillonne* rue Samonzet, 1 ; *Lagarde,* rue d'Etigny , 8 ; *Leroy,* rue Henri IV, 24 ; *Manes,* rue Montpensier, 21 ; — *Meunier,* rue Adoue, 6 ; *Frédéric Monod,* rue Serviez, 21 ; *Pomier,* rue Serviez, 26 ; *Robert,* rue Alexandre Taylor, 5 ; *Roth,* rue Nogué, 6 ; — *Sancery,* rue Castelnau, 85 ; *Tarras,* rue St-Louis de Gonzague , 3 ; *Védie,* aliéniste, rue Marca, 10 ; — *Houat,* rue Serviez.

Médecins étrangers. — *Bagnell,* rue Bayard, 15 ; *William Bagnell,* rue Perpigna, 4 ; *Hunt,* hôtel Bellevue ; *de Musgrave-Clay,* rue Latapie, 19; *De Woogt,* rue St-Jacques, 7 ; *Oliphant,* rue Samonzet, 21.

Pharmaciens. — MM. *Bordenave,* rue Marca ; *Cazaux,* frères, place Bosquet ; *Cazaux, P.,* près la Préfecture ; *Ibos-Maisonnave,* rue des Cordeliers ; *Smith,* rue du Lycée ; *Jarvis,* rue Serviez ; *Lacoste* et *Menvielle,* place de la Halle ; *Calmel,* placeG rammont ; *Sallefranque,* rue Bordenave-d'Abère ; *Meillon,* place des Ecoles ; *Laurence,* Place Bosquet ; *Cazaux,* rue Porte-Neuve ; *Pharmacie des 7 Cantons,* rue Montpensier ; *Menon,* rue préfecture , *Montoussé,* rue du XIV juillet.

Libraires. — MM. *Cazaux,* éditeur d'ouvrages sur le Béarn et sur les eaux des Pyrénées ; *Lescudé,* rue Préfecture ; *Lafon,* rue

Henri IV ; *Ribaut,* rue Saint-Louis ; *Bergerot,* place du Palais. *Camy* rue St-Louis.

Cabinets de lecture. — MM. *Lafon,* rue Henri IV ; *Bergerot,* Place du Palais ; *BookSociéty,* place de la Halle-Neuve.

Notaires. — MM. *Haure,* rue Saint-Jacques, 7 ; *Maisonnier,* place de la Neuvelle-Halle, 6 ; *Massignac,* rue Hénri IV ; *Monguillan,* rue Gassies ; *Rigoulet,* rue Gachet ; *Rivarès,* rue du XIV Juillet.

Syndicat. — Le syndicat est établi rue des Cordeliers. Son bureau est nommé par l'assemblée générale des souscripteurs, qui se réunit chaque année. Les renseignements dont les étrangers peuvent avoir besoin, soit pour la location d'appartements et de villas, soit pour toute autre cause, doivent être donnés gratuitement. Il est absolument interdit aux employés d'influencer les étrangers sur les choix qu'ils ont à faire, et de recevoir aucune rétribution. Les bureaux du syndicat sont ouverts, toute l'année, de dixheures du matin à quatre heures du soir. On répond également aux demandes de renseignements par correspondance.

Agents d'affaires. — MM. *Haurou,* rue Henri IV ; *Sarradet,* rue Taylord ; *Cazaudehore ; Albert Malan,* rue Latapie ; *Caton,* rue Gachet ; *Agence anglaise*, M. Simonet.

———

MAISONS D'ÉDUCATION

Lycée. — Cet établissement est installé dans les bâtiments de l'ancien collége des Jésuites. On y trouve une classe primaire pour les tout jeunes enfants; l'enseignement classique et des cours spécialement organisés pour préparer aux professions commerciales et industrielles.

Le lycée reçoit des élèves internes, des demi-pensionnaires, des externes *surveillés* et des externes *libres*. La pension pour les pensionnaires habillés par le lycée est de 600 fr., par année, pour la première division ; 650 francs pour la deuxième division ; 700 fr. pour la division supérieure. Les pensionnaires habillés par leur famille payent 540 fr., 590 fr. et 640 fr. selon la division ; les demi-pensionnaires 350, 400 et 450 fr. Les frais d'étude des externes sont de 70, 90 et 125 fr. avec 35 ou 45 fr. de supplément s'ils suivent les conférences, et un second supplément de 60 fr. s'ils appartiennent à l'externat surveillé.

Institution de l'Immaculée Conception. — Route de Bordeaux. Ecole secondaire libre, dirigée par des ecclésiastiques. Elle est bien située, au milieu d'un beau parc. Un grand nombre de familles de Pau et des départements limitrophes y font élever leurs enfants.

ÉCOLES PUBLIQUES

École communale laïque. Place des Écoles. Elle comprend une division élémentaire, et une division supérieure et un cours d'adultes et d'ouvriers.

Ecoles communales congréganistes. Rue Facture et à l'ancienne église St-Martin. Elles sont confiées aux frères de la Doctrine chrétienne, qui possèdent à Pau de vastes établissements.

Ecole communale de filles. Place Bosquet — ancien asile ; rue des Moulins.

Sœurs Dominicaines. Place du Palais.

Ecoles protestantes : garçons, rue Castetnau ; filles, rue Serviez.

Ecoles privées de demoiselles. — Sœurs Ursulines, rue du Lycée ; *Pensionnat St Jacques* (laïque), rue Facture ; *Sœurs de la Croix*, rue Bonado ; *Dames du Sacré-Cœur*, avenue Porteneuve ; *Ecole normale de demoiselles*, magnifique établissement au Petit Boulevard ; *Dames de St-Maur*, rue des Cultivateurs et Boulevard de Lorraine. Mlles : *de Guiroye*, rue Montpensier, *Pucheu et Granet*, Place Gassion.

PROFESSEURS

Le nombre de professeurs de langues, de dessin, de peinture, de musique, de mathématiques, est considérable ; les noms varient d'une saison à l'autre. Dans tous les hôtels et magasins, on trouvera des renseignements et des recommandations.

MAIRIE

PLACE ROYALE ET RUE St LOUIS

Les étrangers ne sont pas dispensés des déclarations de naissances, de mariages ou de décès. Ils peuvent donc avoir besoin de s'adresser à la mairie. Les bureaux en sont ouverts tous les jours, les dimanches et fêtes exceptés, de neuf heures du matin à six heures du soir.

Les archives communales et la bibliothèque se trouvent dans les bâtiments dits de la Halle-*Neuve*. Deux bureaux de police y sont aussi installés.

Bibliothèque. — Pau possède une bibliothèque d'environ quatre mille volumes composée principalement des dépouilles des anciens couvents, fort nombreux avant la Révolution. Elle est donc riche surtout en ouvrages de théologie et de scolastique. Depuis trente ans néanmoins, on a fait de nombreuses acquisitions d'ouvrages modernes.

La bibliothèque est située dans les bâtiments de la Nouvelle-Halle. On y monte par l'escalier de l'est. Elle est ouverte tous les jours, de neuf heures du matin à quatre heures, et de 8 heures du soir à 10 heures, excepté les dimanches, lundis, et jours de fêtes.

Société des Lettres, Sciences et Arts. — Cette Société a été fondée en 1841 et reconstituée en 1872. Elle a pour objet de « contribuer, par les efforts réunis de ses membres, au progrès des sciences, des lettres et des arts ». Elle se réunit une ou deux fois par mois, de novembre à juillet. Le nombre de ses membres est illimité ; ils sont admis au scrutin secret, sans distinction de nationalité, sur la présentation de deux membres. La cotisation annuelle est de 10 fr.

Société des Amis des Arts. — Autre Société qui fut établie en 1863. Elle organise chaque année une exposition d'œuvres d'artistes français et étrangers. L'exposition dure deux mois, pendant la saison hivernale. Le produit des cotisations, qui est de 25 fr. par an, permet l'acquisition de tableaux et de dessins qui sont ensuite répartis par la voie du sort entre les membres de la Société. Il y a des membres fondateurs qui s'engagent pour trois années, et des membres souscripteurs qui ne souscrivent que pour une année seulement.

Musée. — Il est établi dans les bâtiments de l'ancien asile, place Bosquet. Sa création est due à l'infatigable persévérance de M. CHARLES LE CŒUR qui en est aujourd'hui le conservateur. C'est encore un musée qui commence ; on y voit pourtant quelques œuvres de grand mérite : la statue en marbre blanc du jeune Henri, par Bosio ; la *Naissance de Henri IV* qui consacra la réputation naissante d'Eugène Devéria ; un portrait du maréchal Bosquet, du même peintre ; l'*Assassinat de*

Henri III, par Merle ; --- un *Intérieur de Saint Etienne du Mont*, d'Alexandre Barbier : un beau paysage de Schœfer : une magnifique *Chasse au cerf* de J. B. Oudry ; l'*éducation de Henri IV* de J.-B. Mallet, etc., etc. Dans la salle qui porte le nom de M. EMILE NOULIBOS, en souvenir du legs important qu'il fit au musée par testament, en 1875, on trouve des œuvres de Veyrassat, Boutin, de Worms, d'Henner, de Cormon, et, de plusieurs autres peintres renommés de notre époque. La section de sculpture est riche surtout en moulages d'après l'antique. On trouve, enfin, au musée une collection remarquable de numismatique et un petit cabinet d'histoire naturelle.

ÉTABLISSEMENTS DE BIENFAISANCE

Bureau de bienfaisance. — Le bureau de bienfaisance distribue chaque année aux pauvres de la ville, soit en nature, soit en argent, près de 30,000 fr. Ces sommes sont presque entièrement le produit d'une souscription annuelle, de quêtes faites à domicile, de concerts organisés pour cet objet, de ventes de charité. Les étrangers ont toujours donné l'exemple de la bienfaisance. Le bureau de distribution des secours est à la Mairie. Il existe aussi un comité libre, qui distribue des secours en nature et en argent.

Il y a en outre, à Pau, une *Société de charité maternelle* qui a commencé en 1833 et qui a été définitivement instituée par décret du 5 mai 1858. Son titre dit assez le but qu'elle se propose. Le conseil de la Société, composé des premières dames de la ville, se réunit tous les mois à la Préfecture pour statuer sur les admissions aux secours et pour discuter les intérêts de la Société.

Il y a encore la maison des *sœurs des Pauvres*, où près de cent vieillards des deux sexes sont soignés et entretenus ; les *sœurs de l'Espérance*, qui s'occupent de soigner les malades à domicile et reçoivent chez elles des pensionnaires, dames ou demoiselles ; les *sœurs de la charité de Nevers*, qui ont deux maisons, un asile pour les jeunes filles et un asile pour les convalescents sortis des hospices ; l'*Orphelinat des filles adultes*, dans les établissements des sœurs Ursulines et de Saint-André de la Croix ; *l'Orphelinat agricole* dirigé par les Sœurs est situé au nord des allées de Morlàas; enfin deux *sociétés de secours mutuels*.

Hospice. — Les constructions de l'hospice sont assez anciennes, mais on y a ajouté, une salle d'asile et une nouvelle maison, place Bosquet.

On reçoit à l'hospice les enfants trouvés de l'arrondissement, les vieillards infirmes et les malades indigents. L'administration de la guerre subvient aux frais des salles spécialement affectées aux militaires. On admet aussi des malades payants. Le service est fait par les sœurs de Saint-Vincent de Paul.

Asile des Aliénés. — Naguère établi

dans les bâtiments situés entre la place Bosquet et la rue Barbalat, occupés aujourd'hui par le service du recrutement militaire, le marché aux grains, le Musée et l'école communale des filles, il a été transféré dans des constructions neuves, à 2 kil. 500 m., à l'est de Pau, sur la route nationale de Tarbes, au milieu d'un vaste domaine de vingt-cinq hectares, avec une vue magnifique sur la chaîne des Pyrénées.

Cet établissement est entretenu aux frais des trois départements des Landes, Basses-Pyrénées et Hautes-Pyrénées. Il y a des locaux spéciaux pour les malades des classes aisées. Des sœurs de Saint-Vincent de Paul assistent les médecins dans leur pénible service. Les ministres des cultes y visitent les aliénés de leur religion.

Caisse d'épargne. — La caisse d'épargne de Pau est parfaitement dirigée par une commission qui compte dans son sein plusieurs éminents magistrats, le maire de la ville et autres notabilités. Les livrets sont délivrés sans distinction de nationalités.

PRÉFECTURE

ARCHIVES DÉPARTEMENTALES

Préfecture. — Avant la Révolution, l'hôtel de la Préfecture était occupé par le premier président du Parlement. Pour être mis en état de recevoir l'administration départementale, il a été successivement tranformé. La partie que les bureaux occupent aujourd'hui était autrefois le couvent de la Foi.

Archives départementales. — Ces archives sont ouvertes au public tous les jours, sauf les dimanches et fêtes, de onze heures à quatre heures, Mais pour avoir communication des pièces, il faut une autorisation préalable du préfet, qui l'accorde sur demande écrite et motivée.

Le dépôt de la préfecture est très riche. Il contient tous les actes de l'ancien Béarn depuis le XIIIe siècle, les titres de la maison royale de Navarre, les comptes de Jeanne d'Albret et de Henri IV, de nombreux autographes, enfin des titres intéressant l'Armagnac, le Bigorre, les maisons de Foix, de Marsan et de Périgord, depuis le IXe siècle jusqu'à la Révolution.

CULTES

Églises et chapelles. — Pau est divisé en deux paroisses (1) pour le culte catholique : la paroisse *Saint-Martin* et la paroisse *Saint-Jacques*. Mais outre ces deux églises paroissiales, il y a beaucoup de chapelles très fréquentées : l'église *Saint-Louis-de-Gonzague* qui est aussi la chapelle du lycée ; l'église de *l'Hôpital* ; la chapelle des *Ursulines*, rue Notre-Dame ; la chapelle des *Carmélites*, route de

(1) Une troisième paroisse va être crée, elle sera formée de l population rurale qui habite au nord-est de la ville.

Trespoey ; la chapelle des *R. P. Franciscains*, rue St-François d'Assise ; la chapelle des *Réparatrices*, route de Trespoey ; chapelle du *Sacré-Cœur* (privée), avenue Porteneuve ; la chapelle de *Saint-Maur* (privée), avenue de Saint-Maur ; la chapelle de la *Miséricorde* place des Ecoles ; la chapelle de l'asile *Saint-Luc*, route de Tarbes, etc., etc.

Temples. — L'église française réformée a son temple rue Serviez ; le culte *anglican* y fait aussi ses services. Le culte *presbytérien* a son temple cité Montpensier, près le Grand-Hôtel. C'est dans cette même *chapelle écossaise* que les fidèles de l'église évangélique se réunissent. Il y a encore l'église de la *Trinité*, rue des Temples, derrière le Grand-Hôtel, et *Saint-André*, rue Réveil. Chaque année, au commencement de la saison, on donne une grande publicité aux heures des offices de ces différends cultes. Pour les familles russes qui passent l'hiver à Pau, on a construit, rue Réveil, une chapelle du *rite grec* desservie par un pope. — Enfin les israélites ont leur synagogue rue Gassies, près le passage Solférino.

Cimetière. — Il est situé derrière la caserne. On y voit des monuments funéraires dignes d'attention.

COURSES

Les courses de chevaux, introduites en France sous le règne de Louis XVI seulement, existaient en Béarn à une époque reculée. On en retrouve la trace au milieu du XIIe siècle.

L'hippodrome de Pau est situé à 4 kilomètres de la ville, près de la route de Bordeaux, dans la lande du Pont-Long, en face les Pyrénées. Le sol, doux, élastique, fait de cet hippodrome l'un des meilleurs de France. Les courses officielles ont lieu au printemps, dans les premiers jours d'avril : aussi ne manque-t-on pas, généralement, d'y voir les jeunes chevaux de trois ans qui n'ont pas encore paru sur la piste. Mais, outre ces courses officielles, la Société d'encouragement donne pendant toute la saison des courses bi-mensuelles qui sont très suivies. Ces jours-là, toute la société étrangère et l'élite de la société béarnaise envahissent l'hippodrome, où l'on aperçoit de longues files de brillants équipages et, dans les tribunes, toutes modernes et fort bien aménagées, les plus ravissantes toilettes. Ces tribunes sont considérées comme les mieux installées, les plus confortables et les plus complètes de France.

La Société d'encouragement existe à Pau depuis 1839; elle a inauguré son hippodrome en 1842. Elle est formée d'un nombre illimité de souscripteurs, et administré par un comité de douze membres permanents et trois adjoints. La souscription annuelle est de 25 francs. Le nombre des prix courus est considérable. Quelques-uns sont très importants.

——

CHASSES AU RENARD

Les chasses au renard sont établies à Pau depuis fort longtemps. C'est vers 1842 qu'elles furent organisées par un anglais, M. Cornwall, avec douze couples de chiens qu'il était parvenu à soustraire au massacre de la meute de sir Henri Oxenden qui, après avoir chassé le renard sauvage pendant deux années aux environs de Tarbes, avait ordonné, avant son retour définitif en Angleterre, d'abattre tous ses chiens. Cette première organisation fut soutenue par une souscription volontaire. Aujourd'hui la municipalité accorde, en outre, à la société des chasses, une allocation annuelle de 10,000 fr. Ces chasses ont lieu trois fois par semaine, les mardis, jeudis et samedis, depuis le mois de novembre jusqu'à la fin de la saison.

Le comité en est établi au Cercle anglais. C'est donc là que les étrangers désireux de les suivre devront s'adresser et se faire présenter. Mais outre les chasseurs qui revêtent toujours l'habit rouge obligatoire, beaucoup de personnes accourent au rendez-vous de chasse soit à cheval, soit en voiture. C'est, à coup sûr, la réunion mondaine par excellence, dont les incidents divers alimentent surtout la conversation des réunions du soir.

Tous les dimanches, le comité, qui compte parmi ses membres les meilleurs noms de la colonie anglaise, américaine et française, décide les lieux des trois rendez-vous de la semaine, que les journaux font ensuite connaître.

Ces réunions ont toujours lieu dans un rayon fort étendu, au nord et à l'est de Pau, dans les landes qui, grâce aux nombreux accidents de terrain dont elles sont parsemées, sont particulièrement favorables à la chasse à courre.

POLO

Le *Polo* est un jeu qui ressemble beaucoup au *cricket* ; seulement les joueurs sont à cheval. Ils se partagent en deux camps. Une boule de bois est placée à égale distance des deux partis, et le parti qui réussit à pousser la boule dans son camp reste vainqueur. Généralement, à Pau, les joueurs se divisent par nations tantôt Anglais contre Français et Américains, tantôt Français contre Américains et Anglais, ou enfin Américains contre Anglais et Français. Les joueurs appartiennent principalement aux cercles d'étrangers, et les parties sont organisées par le comité des *chasses au renard*. Les parties de polo se jouent dans la plaine de Billère, à l'extrémité ouest du parc, entre le gave et la route de Bayonne.

TIR AUX PIGEONS

Le Tir aux pigeons est aussi très bien installé dans la plaine de Billère. Des affiches apposées en ville font connaître les jours de tir.

JEU DE PAUME

Le bâtiment du Jeu de Paume a été construit au nord du parc Beaumont par une société locale organisée à cet effet.

D'intéressantes parties, qui attirent un nombreux public, ont lieu fréquemment.

VÉLODROME

Sur la vaste pelouse du parc Beaumont qui longe la côte Batsale, le Véloce-Club-Béarnais a fait établir un vélodrome, c'est-à-dire une piste pour les courses de vélocipèdes.

Ces réunions ont surtout lieu pendant l'hiver et au printemps.

PROMENADES

Place Royale.

Les promenades de Pau sont, de l'avis général, l'un des plus grands attraits de la station.

La place Royale, située en plein midi sur une terrasse qui domine la vallée du Gave, est en quelque sorte le rendez-vous général aussi bien des étrangers que des indigènes. Le jeudi et le dimanche de chaque semaine, dans l'après-midi, la musique militaire s'y fait entendre ; l'orchestre municipal y joue souvent le matin à dix heures. La place Royale est alors remplie d'une foule élégante qu'on pourrait rencontrer aux Champs-Élysées ; sur les voies latérales sont rangés des équipages qui pourraient se montrer au bois de Boulogne.

L'esplanade à gauche, complètement abritée du nord par l'hôtel de France, et à l'extrémité de laquelle s'élève seul un grand et beau chêne, est tout particulièrement affectionnée des enfants anglais, américains, russes, français, qui s'y livrent à tous leurs ébats. On a surnommé ce coin la *Petite Provence*. C'est en dire assez la température habituelle.

Pendant la Révolution, la *place Royale,* dont la création date de la fin du XVIIIe siècle, s'est appelée *place de l'Egalité.* La statue de Louis XIV qui l'ornait, fut renversée. Cette statue du grand roi avait été pour ainsi dire imposée à la cité. Les Etats de Béarn ayant demandé la permission d'élever une statue à Henri IV sur la place nouvelle, Louis XIV répondit qu'ils pouvaient y mettre la sienne. Les Etats s'exécutèrent ; mais sur le socle, à côté de l'inscription latine, on grava cette épigramme en béarnais : « Voici le petit-fils de notre grand Henri, que le ciel accorda aux besoins de la terre. Il fut le père des bons, des méchants l'ennemi, un Salomon en paix, un vrai César en guerre. Plaise à Dieu qu'à jamais le marbre et le métal fassent partout vivre sa gloire comme à Pau ! » Plus tard, la place porta le nom de *Bonaparte ;* sous la Restauration, elle redevint la *place Royale.* La statue de Henri IV qu'on y voit aujourd'hui a été érigée, le 17 août 1843, en présence du duc de Montpensier, représentant le roi Louis-Philippe. Elle est en marbre blanc de Gabas et représente Henri IV debout, le chef découvert, la main droite étendue, la main gauche appuyée sur la garde de son épée. Sur le piédestal on a gravé ce cri : « *Lou nouste Henric !* notre Henri ! » sorti de toutes les poitrines béarnaises lorsqu'on découvrit la statue. Au-dessous, on lit cette inscription latine : *Henrico nostro, pia nepotis augusti munificentia redevivo.* Les trois autres faces du piédestal sont occupées par trois bas-reliefs dûs au ciseau d'Etex. Ils repré sentent : le jeune Henri à Coarraze, au milieu de ses compagnons d'enfance ; Henri IV à la bataille d'Ivry, --- Henri IV secourant Paris affamé. La statue est du sculpteur Raggi.

Lamartine tenait pour l'un des plus beaux du monde le Panorama de la place Royale.

En allant du *sud-est* à l'*ouest* on découvre successivement, parmi les innombrables dents qui découpent la chaine des Pyrénées, le Pic du Midi de Bigorre, gigantesque promontoire (2879^{m}) au bord même de la chaine ; puis le Mont-Aigu (2341^{m}), puis le Néouvielle (3056^{m}), le pic Long (2724^{m}), l'Ardiden (2988^{m}), le Mont-Perdu (3351^{m}), la Pique-Longue du Vignemale (3290^{m}), le petit Pic de Gabizos (2684^{m}), le Pic de Ger (2612^{m}), le Pic de Cézy (2209^{m}) ; puis, en face de Pau, solitaire et dominateur dans une vaste échancrure, le Pic du Midi d'Ossau (2889^{m}) ; ensuite le Pic d'Aule (2410^{m}), le Pic de Sérous (2488^{m}), le Pic Scarput (2608^{m}), le Pic Bergo (2066^{m}) ; enfin, parmi les hauteurs de la grande vallée d'Aspe, le Pic d'Orby (2309^{m}), dernier sommet visible au *sud-ouest*.

A gauche, près de la *Petite Provence*, on trouve une rampe assez rapide, en lacet, qui descend directement à la gare.

Boulevard du Midi.

De la place Royale on se rend au château par le *boulevard du Midi*. Cette magnifique promenade, construite à la fin du second empire, sur des terrains en déclivité où ne pouvaient guère passer que des chèvres, est bordée à gauche par une magnifique balustrade qui se prolonge jusqu'à la grille du château, et laisse la vue s'étendre, sans interruption, sur le gave, les coteaux et les Pyrénées. La droite du boulevard est occupée par des constructions élégantes, très-recherchées des étrangers, le square de l'église Saint-Martin, le grand hôtel Gassion et des arcades qui soutiennent une rampe par laquelle on monte à l'entrée principale du château.

Parfaitement abritée du nord, exposée en plein midi, en face de ce panorama qui revient toujours et dont on ne se lasse jamais, cette promenade est des plus fréquentées. Au cœur même de l'hiver, on y jouit avec le moindre rayon de soleil d'une température toujours tiède, souvent chaude.

Le Jardin du Château.

A l'extrémité du boulevard du Midi, on trouve une belle grille artistique en fer, élevée sur l'emplacement d'une sorte de poterne qui, du boulevard, cachait la vue du jardin et du château. Par cette grille, ouverte le jour, fermée la nuit, on pénètre dans le jardin du château, sorte d'esplanade couverte d'arbres, de gazons et de fleurs, qui règne autour de la royale demeure. On y voit des magnolias de haute taille que le froid n'a jamais fait souffrir ; on y trouve des roses au mois de janvier. A l'extrémité, au pied des tours occidentales, en face d'un pont de deux arches qui, franchissant la rue Marca, relie le jardin à la Basse-Plante, on remarquera une petite terrasse en hémicycle ornée d'un parterre terminé par deux socles qui soutiennent deux magnifiques vases de porphyre, présent du roi Bernadotte au palais de sa ville natale. Au milieu de l'hémicycle, se trouve la statue en marbre blanc de Gaston Phœbus. Le terrible seigneur est en costume de chasse, appuyé sur l'épieu ; il regarde les Pyrénées, et caresse de la main droite un beau lévrier. C'est l'œuvre du baron Triquety.

Le pont que l'on traverse ensuite a été construit en 1838. Dans les fouilles faites alors, on découvrit l'entrée d'un souterrain qui, d'après la tradition, allait du château à Lescar, ayant ainsi 7 kilomètres d'étendue. On ne l'a pas exploré, et l'entrée en a été murée.

La Basse-Plante.

A l'ouest du Château, bordée par les rues Marca et d'Etigny, se trouve la *Basse-Plante*, vaste emplacement bien exposé au midi et couvert de grands arbres, ormes et platanes. On la désignait jadis sous le nom d'*Ormelette*. C'est là surtout que Marguerite de Valois aimait à se reposer, entourée de ses poètes favoris. Cette promenade n'est pas sans réputation aussi parmi les étrangers. A l'ouest, une seconde passerelle en fer, jetée sur la côte des bains, conduit au Parc.

Le Parc.

A l'O. S. — O. de la ville. — On s'y rend par le boulevard du Midi, le jardin du château et la Basse-Plante, ou bien par la place Grammont les rues d'Espalungue et d'Etigny.

Voilà le bijou de Pau, « la plus belle vue de terre disait Lamartine, comme Naples est la plus belle vue de mer. ». C'est en souvenir de ses promenades au parc que le grand poète écrivait à M. Bascle de Lagrèze : « Je regrette que mes paroles soient trop faibles pour rendre l'admiration que m'a inspirée votre beau pays, admiration qui croît toujours dans mon souvenir. »

Cette promenade est, en effet, particulièrement bien située. Elle déroule ses allées de hêtres et de chênes, longues de plus d'un kilomètre, sur le sommet et les flancs d'une butte étroite qui domine le bord du gave. L'allée du nord, suivant le pied du monticule et bordant la pelouse coupée de massifs qui s'étend jusqu'à la route de Bayonne, est fraîche. On la fréquente surtout l'été, ou le matin dans les jours de beau soleil. L'allée qui suit la crête est de beaucoup la plus fréquentée.

La vue dont on jouit dans les hautes allées

du parc est la même que celle que l'on a dans le jardin du château, sur le boulevard du Midi et de la place Royale. C'est toujours le même panorama de la vallée du gave, des coteaux et des Pyrénées ; mais ce panorama est incessamment varié, certains détails s'accentuent ou s'effacent selon le point d'où l'on regarde et aussi selon l'heure et les jours. Toujours le même et toujours nouveau !

Les hivernants qui font au parc de longues promenades feront bien, dès qu'il y a du soleil, de se munir d'une ombrelle.

La Bigotière.

Près de l'extrémité du parc se trouve la *fontaine ferrugineuse* de la Bigotière, où l'on a établi un petit restaurant et un établissement de gymnastique. C'est par là que passent ceux qui se rendent à pied dans la plaine de Billère, pour assister aux parties de polo, de Golf etc.

Le docteur Fontan analysa les eaux de cette fontaine dans lesquelles il reconnut un mélange de fer, de manganèse, d'acide crénique et de phosphate de chaux. Aussi en conseillaient-on l'usage pour les organisations affaiblies et les enfants débiles.

Plaine de Billère.

C'est une immense pelouse située à trois kil. environ et à l'ouest de Pau, à l'extrémité du Parc, entre la route de Bayonne et le Gave. On s'y rend par la place Grammont, la rue d'Etigny et la route de Bayonne, si l'on est en voiture, et par le jardin du Château, la Basse-Plante et le parc, si on fait le parcours à pied.

C'est dans la plaine de Billère que la colonie étrangère de Pau se livre à ses jeux sportiques favoris : polo, law-tennis, cricket, golf, tir aux pigeons, etc.

Haute-Plante.

Au nord-ouest de la ville on trouve la place Grammont, bâtie (1783-1838) sur l'emplacement de dépendances du Château. Le jeune Henri avait là un petit jardin qu'il aimait à cultiver lui-même.

En remontant de cette place vers l'est, on rencontre la rue Tran où naquit Bernadotte ; en remontant, au contraire droit au nord, par la rue de Bordeaux, on trouve à gauche la *Haute-Plante*, grande esplanade au fond de laquelle s'élève la caserne. La Haute-Plante sert de champ de manœuvres ; toute une division y évoluerait à l'aise. Autrefois, c'était un bois d'arbres séculaires vendus à la marine en 1833, et remplacés par plusieurs allées d'ormes et de tilleuls qui de trois côtés entourent la vaste pelouse. Là se tiennent plusieurs fois dans l'année, mais principalement au mois de novembre, à la Saint-Martin, des foires importantes par les transactions qui s'y font sur les chevaux, les mules et le bétail. La Haute-Plante est bordée par deux rues très bien bâties : au sud la rue Bayard, et à l'est la rue et route de Bordeaux; au nord se tient, trois fois par semaine — le lundi, le jeudi et le samedi, — le marché aux fourrages.

Route de Bordeaux.

C'est une promenade fort appréciée des cavaliers. A trois cents mètres environ de la Haute-Plante, on rencontre, en suivant la route de Bordeaux, les Boulevards de Lorraine, d'Alsace qui relient la route de Bordeaux a la route de Tarbes, à l'angle de l'Avenue Porteneuve, en face le couvent du Sacré-Cœur.

La route de Bordeaux monte directement au nord de Pau. Sur un parcours de plusieurs kilomètres, elle est bordée de deux rangées de peupliers. Des deux côtés ce sont des habitations, des villas, des jardins. On laisse à droite (5 kil.) l'avenue de l'Hippodrome. Peu après (6 kil.) les peupliers cessent et aussi les cultures. Puis, à gauche (7 kil.), c'est dans l'immense lande du Pont-Long la propriété de la vallée d'Ossau que l'on reconnait à une petite construction où s'étale sur une enseigne la fameuse vache avec la devise Ossaloise: *biba la vaca*, « vive la vache ! » C'est là que viennent hiverner les troupeaux de la vallée. Retour à Pau.

Petit Boulevard.

Si de la place de la Halle on suit les rues Serviez et Montpensier, puis la route de Bordeaux jusqu'à 250 mètres environ après le bureau d'octroi, on trouve à droite un assez large chemin se dirigeant directement vers l'Est: c'est le *Petit Boulevard*. Le chemin qui s'ouvre au même point et va vers le nord, jusqu'à Montardon, passe à côté du Petit Chantilly où se trouve le chenil de la superbe meute servant aux *Fox-Hunt* (chasse au renard).

En suivant le Petit Boulevard, on passe successivement à côté de la nouvelle école normale de filles, de la magnifique propriété Tourasse, et d'un certain nombre de belles villas.

Dans le parcours de cette voie qui aboutit à la route de Tarbes au point où s'en détache la route de Morlàas, on rencontre fréquemment des chemins qui partant de la ville se dirigent vers le nord et rejoignent le Grand Boulevard.

Grand Boulevard.

De la Haute-Plante, on suit la route de Bordeaux jusqu'à environ 3 kil. 500^{m}. de la ville.

A la hauteur de l'auberge Lartigue s'embranchent deux chemins. Le chemin à gauche, près de l'auberge, se dirige vers Lescar. Celui de droite, en face l'auberge, est le *Grand Boulevard* qui se poursuit vers l'est.

On laisse à gauche la belle ferme du Bézet, et l'on rencontre peu après le chemin qui, passant près de l'Hippodrome, conduit à Montardon.

Sur le parcours du Grand Boulevard ce sont, à droite et à gauche, des maisons rurales, des exploitations agricoles. Parmi les chemins que l'on rencontre fréquemment venant de Pau, un seul conduirait — le chemin d'Escoubès — aux coteaux du nord ; les autres vont se perdre dans la lande.

En poursuivant le Grand Boulevard, qui infléchit vers le Sud-Est, l'on ne tarde pas à apercevoir les peupliers de la route de Tarbes et l'on rejoint, enfin, la route de Morlàas, à 4 kil. de Pau.

Fontaine des Marnières. — Billère

C'est un charmant but de promenade. Presque à l'extrémité de la rue de Bordeaux, à la hauteur de l'Hôtel de Londres, on prend à gauche le chemin de Billère, ou bien au nord-ouest de la Haute-Plante, une belle allée de vieux chênes au bout de laquelle on tourne à droite jusqu'à ce même chemin de Billère, qui va de l'est à l'ouest ; on descend vers l'établissement des

Petites-Sœurs des Pauvres (qu'on laisse à droite), jusqu'au petit ruisseau de la Herrère. Il faut alors suivre jusqu'à son extrémité le chemin qui longe la rive droite du ruisseau. Là, une petite avenue bordée d'acacias nains tourne à droite et conduit au pied d'un mamelon où se trouve la fontaine.

L'eau en est d'une inaltérable limpidité et d'une extrême fraîcheur. C'est un but de promenade fréquenté, surtout par la jeunesse.

La fontaine des Marnières se trouve sur le territoire de la commune de Billère, village où Henri IV fut mis en nourrice. Les différents sentiers qui se dirigent à l'ouest sont tous de jolies promenades, courant sur de petits coteaux couverts de chênes, de hêtres et de châtaigniers. Tous conduisent à Billère d'où l'on revient à Pau par la route de Bayonne.

De Pau à Billère et Lartigue.

Partant de la place Grammont on suit la rue d'Etigny et la route de Bayonne. Après avoir dépassé le parc on prend à droite, à la base d'un coteau, un chemin qui monte vers le nord et qui conduit sur le plateau, en face l'entrée du Château de Billère ; on laisse à droite un chemin qui mènerait à la route de Bordeaux et, remontant toujours vers le nord, par un chemin très praticable lorsque le temps est sec, on se trouve tantôt sous bois, tantôt au milieu d'enclos de prairies et de pâturages. On rejoint la route de Pau à Lescar qu'on suit dans la direction Est et on atteint la route de Bordeaux à la hauteur de l'auberge Lartigue et du Grand Boulevard. C'est une promenade de 8 kil. qu'il ne faut entreprendre que par un temps sec.

Descente de la gare.
Bois-Louis. — Côte Basterrèche

De la place Royale on descend à la gare par une rampe en lacets très ombragée et charmante, et l'on gagne ainsi, en quelques minutes une autre promenade ombragée de grands ormes et longeant la rive droite de l'Ousse.

En suivant ces allées on peut rejoindre la route de Bizanos, ou bien prendre à gauche la *côte Basterrèche*, très bien exposée au midi, complétement abritée du nord, passer au dessous de l'hôtel Beau-Séjour et de plusieurs belles villas, et regagner ainsi la rue du Lycée.

Le Parc Beaumont.

A l'extrémité de la rue de Lycée, on entre dans le Parc Beaumont, transformé en jardin public depuis que la ville en a fait l'acquisition. C'est une propriété splendide avec de belles allées, ombragées d'arbres magnifiques. Elle est entièrement disposée en terrasse le long de la côte de Bizanos jusqu'au chemin de Batsalle. La vue des Pyrénées y est merveilleuse. On y fait de la musique plusieurs fois par semaine, sur la terrasse méridionale, au centre de laquelle s'élève un kiosque fort élégant, à la suite de l'ancienne villa de Beaumont que l'on a conservée. Une voie a été ménagée pour les voitures qui peuvent entrer par la rue du Lycée, traverser le parc et aller sortir au boulevard Barbalat, près de l'avenue de Trespoey, ou bien à la Place Bosquet par la rue du Musée.

Bizanos.

En prenant la rue du Lycée, dans la direction de l'est, on laisse à gauche le parc Beaumont et, à droite la côte Basterrèche, en quelques minutes, on atteint le village de *Bizanos*, bien situé sur la rive droite du gave. C'est là que les habitants de Pau viennent chaque année célébrer les funérailles du carnaval, le mercredi des Cendres. Cette coutume est un peu tombée dans l'oubli ; mais autrefois on remplissait les cabarets, les tonnelles et les jardins, on savourait en commun la salade de *broutous*, et l'on répétait en chœur le refrain béarnais :

Si t'en bas, you que demouri
Adiü, praübe carnabal !

Si tu t'en vas, je demeure.
Adieu, pauvre Carnaval !

Bizanos possède aussi une source qui passe pour guérir la stérilité. Les femmes du peuple s'y baignent et y laissent une pièce d'argent. Bizanos a beaucoup de cabarets et un certain nombre d'établissements industriels, entre autres l'usine à gaz. Sur un promontoire, à l'origine du long coteau qui sépare la vallée de l'Ousse de la vallée du gave, s'élève le château bâti par M. de Franqueville. De cette terrasse, ombragée de pins magnifiques on jouit d'une vue merveilleuse.

Chemin et fontaine Batsalle

En partant de la place Bosquet on prend la rue Bonado, et, après un parcours d'environ 300 mètres, on rencontre le chemin de Batsalle ; on tourne à droite, puis on descend quelques minutes dans la direction du midi, et l'on arrive à la fontaine Batsalle adossée au mur du parc Beaumont. L'eau de cette fontaine est très légère : c'est l'eau potable préférée des villas et habitations situées dans le voisinage.

Le chemin de Batsalle relie l'avenue Porte-Neuve et l'avenue de Trespoey à la route départementale de Pau à Baréges.

Trespoey.

Aller et retour : à pied, 2 heures ; en voiture 1 heure.

De la place Bosquet, si l'on prend la rue Bonado, on arrive promptement au chemin ou avenue de Trespoey, bordé de nombreuses et ravissantes villas. Après être passé devant les couvents des Carmélites et des Ursulines, on laisse à gauche le boulevard Guillemin qui relie l'avenue de Trespoey à la route de Tarbes, et plus loin, du même côté, un chemin qui mène aussi à la route de Tarbes et aux allées de Morlàs. A quelques mètres de là on rencontre, à droite, le chemin de la fontaine Trespoey distante de 300 mètres environ.

C'est un lieu solitaire et charmant qui domine le vallon de l'Ousse. On aperçoit au pied les maisons de Bizanos, à droite, le château de Franqueville, et en face, dans le lointain, les coteaux de Gélos et les montagnes. Il y a là des ombrages pour reposer le promeneur et le protéger contre les rayons du soleil, fort vifs en cet endroit, même en hiver. Pendant l'été, c'est un lieu de réunion pour la jeunesse de Pau. Cette fontaine renommée n'est pourtant ni sulfureuse, ni ferrugineuse ; mais son eau est très légère et très agréable au goût, La plupart des habitants des villas de ce quartier en font usage pour leur table ; on la porte aussi en ville à des conditions très modérées.

A côté de la fontaine se trouve un petit établissement de bains.

En continuant la promenade sur le chemin de Trespoey, toujours bordé de villas, on aboutit à la route de Tarbes près du quatrième kil.

Route de Tarbes.

En partant de la Halle-Neuve on suit la rue de la Nouvelle-Halle, la place Bosquet, la rue Porte-Neuve, et l'on atteint la route de Tarbes. Toute cette partie de la ville est couverte de villas, quelques-unes très vastes. La route de Tarbes suivant longtemps la crête de la colline, on a constamment la vue des Pyrénées. Cette promenade est très fréquentée par les voitures et les cavaliers. C'est un peu le Bois de Boulogne, ou plutôt l'avenue des Champs-Elysées de Pau.

Allées de Morlàas.

Avant d'entrer dans la route de Tarbes, si l'on prend à gauche un chemin bien entretenu, on arrive, à peu de distance, aux allées de Morlàas. Ce sont quatre allées ombragées de chênes, celles de droite et de gauche réservées aux voitures; celles du centre sont destinée aux piétons et aux cavaliers : les premiers suivent l'allée du sud, les seconds celle du nord. Cette promenade est à un peu plus d'un kilomètre, à l'est de la ville ; à l'extrémité nord des allées se trouve le Rond Point, lieu de réunion hebdomadaire, quelquefois très-fréquenté, où les ouvriers et les gens de maison se livrent au plaisir de la danse.

Chemins du Loup — du Larron — de Buros.

Si de l'avenue Porte-Neuve on monte droit au nord, en face le couvent du Sacré-Cœur, on trouve bientôt, en tournant à l'est : trois chemins : l'un, se dirigeant au nord, dit « chemin de Loup », conduit au Grand Boulevard ; l'autre dit « chemin du Larron » va vers l'est ; le troisième, au milieu, conduit à Escoubès par Buros ; il passe près de l'Orphelinat agricole, puis près du cimetière Israélite, au hameau de Pau, et coupe le *Petit Boulevard* qui ramène, en allant vers l'ouest, à la route de Bordeaux, et, en allant vers l'est, à la route de Morlàas.

Sur le chemin de Buros, à 7 kilomètres environ de Pau, on rencontre trois *tumuli*, dont le plus grand a 70 mètres de tour et 2 mètres de hauteur. On y a découvert des ossements et divers objets de fer et de bronze.

D'autres *tumuli* ont été trouvés dans les landes du Pont-Long : ce sont même les plus célèbres. Les deux principaux, le *grand* et le *petit puyo*, se voient près d'un vieux chemin connu sous le nom de *Cami salier*, c'est-à-dire « Chemin du sel », ainsi nommé parce que les charretiers le suivaient autrefois pour aller chercher du sel à Orthez. L'un de ces monticules a longtemps servi de cible à la garnison de Pau. Des chercheurs de trésors les ont fouillés. On a découvert, dans le petit, des ossements, des objets de fer et de bronze, des vases, dont les plus intéressants ont été envoyés au musée de la manufacture de Sèvres.

Il y a encore des *tumuli* dans la commune de Bougarber, au nord-ouest de Pau ; dans celle de Morlàas, et à Idron, sur la route de Tarbes.

Le chemin de Buros est en très bon état et très praticable jusqu'au pied des coteaux. C'est un but de promenade qui doit convenir aux personnes qui n'aiment point le bruit et le mouvement.

COTEAUX DE JURANÇON . MONEIN.

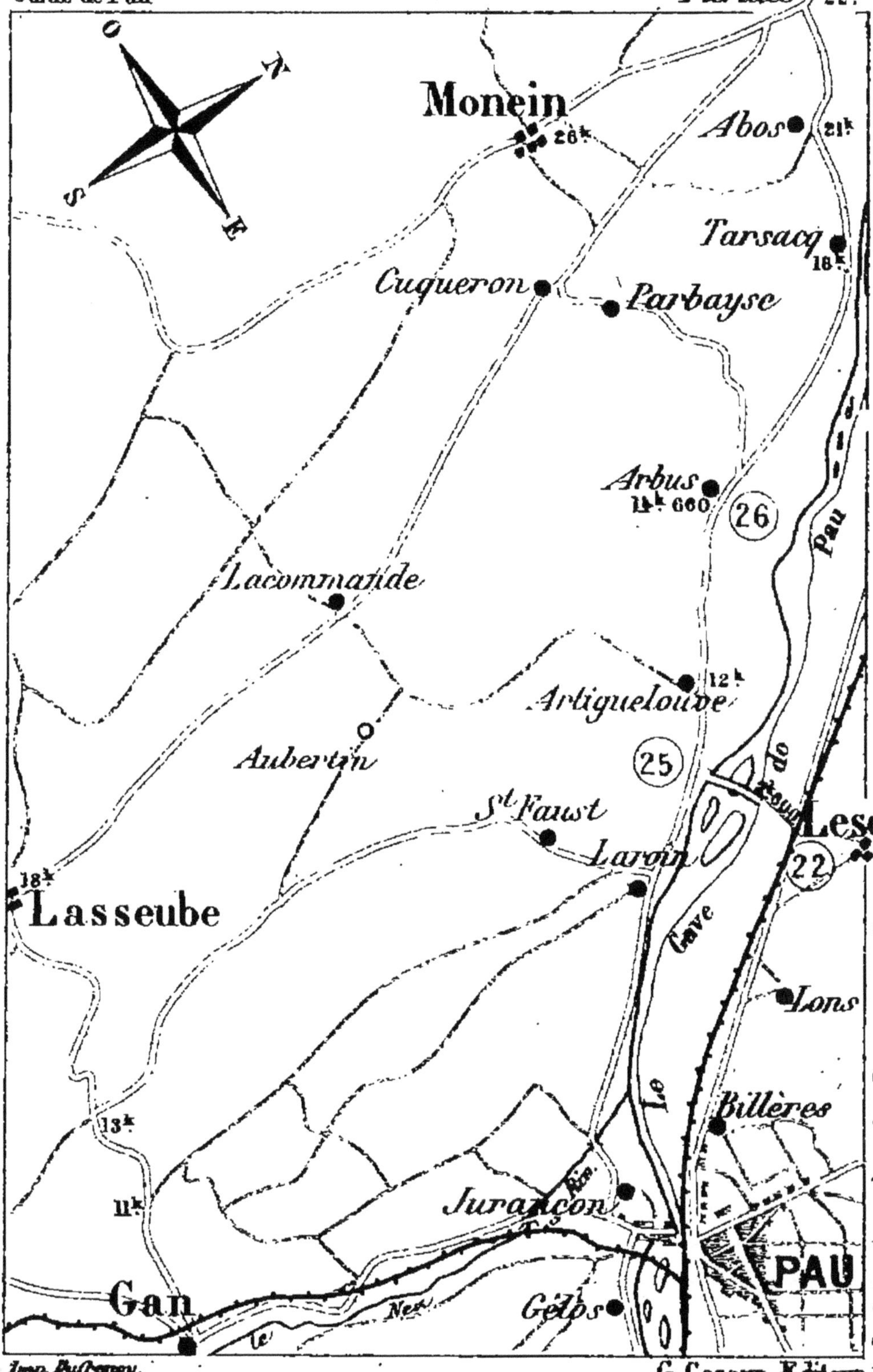

Pardies 22k.
Monein 26k.
Abos 21k.
Tarsacq 18k.
Cuqueron
Parbayse
Arbus 14k. 600
(26)
Pau
Lacommande
Artiguelouve 12k.
Aubertin
(25)
de
Lescar
(22)
St Faust
Laroin
18k.
Lasseube
Gave
Lons
13k.
Billères
Jurançon
11k.
Le
PAU
Gan
Gélos
Nez
le

Imp. Dufrenoy.
G. Cazaux, Editeur

Echelle de 0m 0075 pour 1 Kilomètre ($\frac{1}{160.000}$)

Les numéros inscrits dans un cercle indiquent les rendez-vous des chasses.

EXCURSIONS

Nous divisions en deux catégories les excursions qui se peuvent faire en rayonnant autour de Pau pris comme centre.

Dans la première catégorie, nous avons classé, sans les interrompre, toutes les excursions qui ne vont pas au delà de vingt kilomètres de Pau ; nous n'avons admis que deux exceptions à cette classe.

Dans la seconde catégorie se trouvent des excursions plus lointaines pénétrant jusque dans la montagne, allant jusqu'au bord de l'Océan.

I. — Coteaux de Jurançon

LE GUIRAUDET

Aller et retour : à pied, 4 heures ; en voiture, 3 heures. — Prix : coupé ou mylord, 10 fr. ; landau, 15 fr. — Retour par Laroin : à pied, 6 heures ; en voiture, 4 heures. — Prix : coupé, 12 fr. ; mylord, 15 fr. ; landau, 20 fr.

On sort de Pau par la route des Eaux-Bonnes. Après avoir passé le gave sur un pont de sept arches en pierre on prend, presque à l'entrée de la rue du XIV Juillet, le *chemin de Jurançon* qui traverse en entier le village ; laissant l'église à droite et la promenade du Junqué à gauche, le chemin bifurque près d'une sorte de restaurant.

Il faut prendre à gauche une route bien tracée sur le flanc du coteau, où se trouvent de nombreuses villas, des parcs ombreux, de charmants jardins, et l'on atteint, au sommet, la propriété appelée le *Guiraudet* ou *Perpigna*.

Ce point fait partie des coteaux de Jurançon, qui regardés de la place Royale ou du boulevard du Midi, se trouvent à droite de l'échancrure que suit la route thermale, et dans l'axe de laquelle s'aperçoit à l'horizon le pic du Midi d'Ossau. A gauche de l'échancrure ce sont les coteaux de Gélos. Du Guiraudet, si l'on entre dans le très-beau jardin que le propriétaire se fait un plaisir de laisser visiter, on a du côté nord, près de l'habitation, une très-belle vue sur Pau et la plaine. Du côté sud, et de la route même où s'arrête la voiture, à l'entrée d'un riche vignoble, on domine toutes les ondulations du terrain jusqu'aux premiers plans des Pyrénées qui, par un temps clair, se détachent avec une vigueur extraordinaire, tandis que les sommets se perdent dans les profondeurs de l'horizon.

On peut revenir du Guiraudet à Pau par la route des Eaux-Bonnes, que l'on gagne en descendant par le versant Est des coteaux. On peut encore, en suivant la crête, gagner la propriété dite de *Bastarrous* sur une sorte de promontoire d'où la vue est particulièrement belle ; on passe ensuite en venant vers l'Est, près du château de *Mont-Joli* et, descendant après dans la direction du nord-est, on rejoint la route de Pau à Eaux-Bonnes par la vieille côte de Gan (6 kil. de Pau). De Bastarrous, on peut gagner aussi La *Chapelle de Rousse* et puis Laroin et rentrer à Pau par la rive gauche du gave (Voir Route XV).

Sur cette partie des coteaux, particulièrement sur le versant sud, se trouvent les vignobles renommés de Jurançon dont la réputation est maintenant universelle.

II. — Gélos.

Aller et retour : à pied, 50 minutes ; en voiture, 30 minutes. — Prix : à l'heure (voir le tarif). — Retour par Gan : à pied, 4 heures ; en voiture, 3 heures. — Prix : coupé, 12 fr. ; mylord, 15 fr. ; landau, 20 fr.

Quitter Pau par la route d'Eaux-Bonnes (voir Route I), que l'on suit jusqu'à l'extrémité de la rue du XIV Juillet, au carrefour de la *Croix du Prince*, et l'on entre à gauche dans la route de Nay. Cette route ravissante, sur la rive gauche du gave, suit la base des coteaux de Gélos, nom générique de la chaîne de coteaux qui s'étend à gauche de l'échancrure, par où s'aperçoit de Pau le pic d'Ossau, jusqu'à Uzos, où s'élève le château du général Chazal, elle passe à travers deux lignes de villas, les unes bâties dans la vallée, entourées de jardins, les autres dans les escarpements boisés des coteaux et atteint (2 kil. de Pau). *Gélos,* délicieux village dont le nom signifie « vallée heureuse ». Son château a été transformé en *haras*. Ce bel établissement compte plus de soixante étalons. On peut le visiter avec une permission verbale que le directeur se fait toujours un plaisir d'accorder. Le château est entouré d'un joli parc.

Pour revenir à Pau par Gan, il faut rétrograder jusqu'au delà du *Pont du Capitaine*, jeté à peu de distance sur le Soust, petite rivière qui isole la colline de *Guindalos* (V. Route V) des coteaux de Gélos proprement dits. Le chemin longe la rive gauche de la rivière. On remonte la vallée du Soust jusqu'au château de *Tout-y-Croît*, dans un site charmant ; puis on descend dans la direction du sud-ouest et l'on rencontre un peu avant le pont jeté sur le Néez, à l'est de Gan, la route de Piétat et de Nay, puis à Gan même, sur la place de la mairie, la route d'Eaux-Bonnes que l'on suit jusqu'à Pau.

III. — Le Bois de Pau.

Aller et retour : à pied 3 heures ; en voiture 2 heures. Prix : Mylord 8 fr., Landau 10 fr.

Au départ de Pau on prend la rue des Cultivateurs, l'avenue Dufau et, continuant toujours droit au nord, on traverse successivement le Petit et le Grand Boulevard. On est bientôt en pleine lande du Pont-Long ; la route longe la propriété du Bézet et rejoint une avenue qui, partant de la route de Bordeaux, passe au sud de l'Hippodrome ; on tourne à droite et on suit cette avenue sur un parcours de 500 mètres environ, on l'abandonne ensuite pour se diriger de nouveau vers le nord ; on arrive ainsi en quelques minutes dans un magnifique bois de haute futée, divisé en vingt-huit carrés séparés par des allées. Buvette dans la maison du garde.

IV. — De Pau à Piétat

Par les coteaux. — Retour par Assat.

On quitte Pau par la rue du XIV Juillet. A la bifurcation de la *croix du Prince* (V. R. II), on tourne à gauche vers l'E.; on traverse la voie du chemin de fer d'Oloron et, laissant à droite la route qui conduit à Gan par les coteaux de Guindalos (V. R. V) on traverse le *Pont-du-Capitaine.*

Immédiatement, laissant à gauche la route de Nay qui passe au milieu du village de Gélos (V. R. XVI) on prend la route qui se dirige vers le S. S. — E. On atteint bientôt (1 kil. du *Pont-du-Capitaine*) la base des coteaux. La route alors s'élève assez rapidement, presque à l'E. Sur la gauche, les villas entourées d'arbres et de vignes sont nombreuses. A droite la vue de la *vallée heureuse* est fort belle.

La route monte toujours à travers les bosquets et les villas. De temps à autre, par les échancrures des coteaux, on a de belles échappées sur Pau, Bizanos, la vallée du Gave et même, par la gorge de Laroin, jusque sur la plaine de Lescar. On rejoint ainsi (11 kil. 865 de Pau,) la route de Gan à Nay par Piétat. On tourne et on monte dans la direction Est et bientôt (1 kilom. 200 m. de la bifurcation) on rencontre à droite l'embranchement qui conduit (400^{m} environ dans la direction du nord) à la chapelle de N.-D. de Piétat.

La première chapelle de *Piétat*, lieu de pèlerinage où les habitants des villages voisins se rendent le jour de la Trinité, avait été construite au VIIe siècle, en expiation du meurtre d'un grand seigneur, Abdaland, assassiné en 640 près du petit ruisseau le *Luz*, qui coule au pied du coteau. Détruite par les huguenots en 1570, la chapelle resta en ruines jusqu'au XVIIIe siècle. Alors on en établit une autre, à la place de laquelle s'élève aujourd'hui une vaste et belle église.

Du plateau où la chapelle est bâtie la vue est vraiment admirable sur les coteaux, sur les Pyrénées et sur la plaine de Nay où paraissent les gros villages de Pardies, d'Arros, St-Abit, Bourdettes et, plus loin, à la base des coteaux qui séparent les vallées du Gave et de l'Ousse, Angaïs, Beuste, Bénéjac, et d'autres villages encore.

Pour le retour, il faut redescendre jusqu'à la jonction de la route de Gan à Nay, ou plutôt de Gan à Pardies où l'on rencontre la route de Pau à Nay par la rive gauche du Gave (V. R. XVIII). De la bifurcation, on descend rapidement par une route en zigs-zags, dans la direction du N. E., à travers des pâturages, puis à travers un bois magnifique, et l'on atteint Pardies. Là on tourne à l'ouest et l'on suit la route de Nay à Pau jusqu'à Baliros ; on tourne peu après droit au N. pour traverser le pont suspendu d'Assat et l'on rentre à Pau par Assat, Meillon, Aressy et Bizanos (V. R. XVII) (1).

V. — Guindalos.

Aller et retour : à pied, 3 heures ; en voiture, 2 heures. — Prix : Mylord, 8 fr.; landau, 10 fr.

Suivre la rue du XIV Juillet jusqu'à la Croix du prince et prendre, à gauche la route, de Nay. Après avoir traversé la voie du chemin de fer d'Oloron, on rencontre à peu de distance le *Pont du Capitaine*, qu'on laisse à gauche, pour s'engager dans un chemin montant droit vers le sud. Lorsqu'on a atteint la base des coteaux (1 kil. du *Pont du Capitaine*) ; on s'élève assez rapidement à droite sur les flancs du coteau, à travers de beaux vignobles, et on atteint bientôt la crête de Guindalos ou se trouve le réservoir d'alimentation hydraulique de la ville de Pau. La vue sur la vallée du Gave et les coteaux de Gélos et Jurançon est fort belle.

(1) Si l'on revient par *Gan* (13 kil.), il faut suivre le chemin de Piétat à Pau pendant 600 mètres environ, puis laisser ce chemin à droite, et prendre celui de Gan qui descend dans la vallée du Soust, traverse le Soust 2 kilomètres plus loin, remonte le coteau et atteint *Gan* (5 kil. de Piétat).

VI. — Gan.

Aller et retour: à pied, 4 heures ; en voiture, 2 heures. — Prix : coupé, 5 fr. ; mylord, 8 fr., landau, 10 fr.

De Pau par la rue du XIV Juillet (V. R. V): La route, depuis la *Croix du Prince*, est bordée de magnifiques peupliers. On longe à droite la villaBlond - Isard, aux grands magnolias ; puis, sur le flanc du coteau, le *Sarrot*, anciennement habité par le général Larriu, maintenant transformé en un riche château avec un grand parc et de belles pelouses. On trouve ensuite, à droite (3 kil. 800), le restaurant de *Roussette*, et, tout à côté, montant vers l'ouest un assez mauvais chemin rejoignant sur les coteaux le chemin de Guiraudet. Plus loin (5 kil.) est, à droite, au milieu d'un beau bouquet d'arbres, le domaine des Astous. A un kilomètre et demi (6 kil. 500) la route tourne brusquement vers l'est, laissant encore à droite la vieille côte de Gan, par où l'on gagne aussi les coteaux (V. R. I). On passe sous le pont du chemin de fer, et la route reprend sa direction première du nord au sud. Le chemin de fer est à droite surplombant de quelques mètres, s'abaissant jusqu'à un passage à niveau où vient sortir la vieille côte ; à gauche, on suit le cours du Néez, jusqu'à une scierie (7 kil. 600). La gare du chemin de fer est en face, à cent mètres de la route. Quatre cents mètres plus loin, on entre à Gan (8 kil.). Jusqu'à Gan, la route est bordée à droite d'un large trottoir.

Gan était une des treize villes du Béarn, et

GAN . REBENACQ . BELAIR . LASSEUBE .

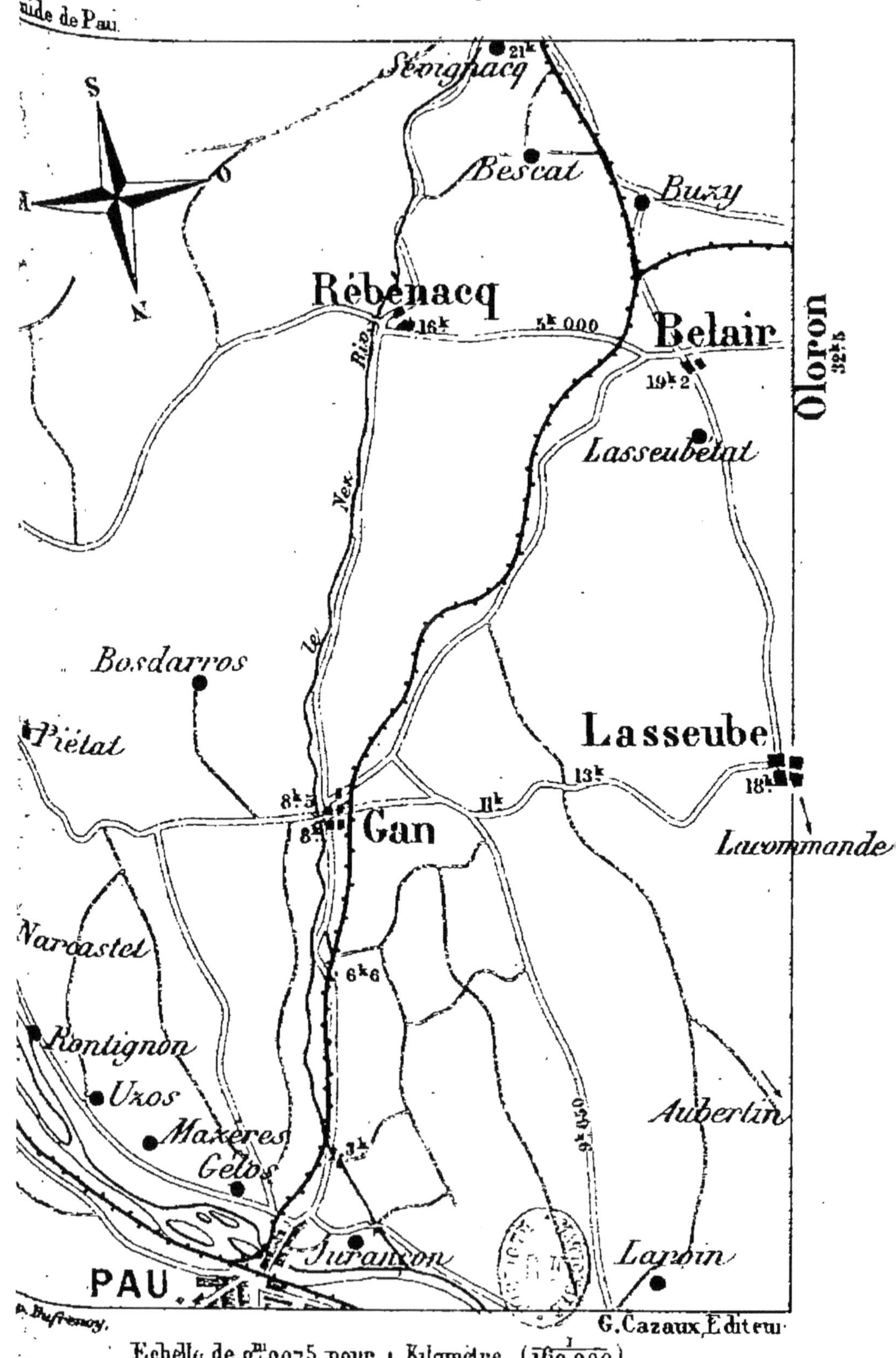

Echelle de 0m 0075 pour 1 Kilomètre (1/160 000)

son représentant siégeait aux Etats de la vicomté. Elle a vu naître le célèbre historien Pierre de Marca, qui fut président des Etats et ministre d'Etat de Louis XIII, et qui, devenu veuf, entra dans les ordres, fut nommé d'abord évêque de Couserans, puis archevêque de Toulouse, et recueillit enfin la succession du cardinal de Retz à l'archevêché de Paris. La maison où il naquit est située près de la halle, à l'angle d'une rue qui conduit à la route de Nay. On y voit une tour octogone avec un bel escalier de pierre, à vis. Les fenêtres sur la cour, sont en croisillons de pierre, les portes basses à cintres surbaissés et découpés de nervures. Cette construction remonte au XVIe siècle. L'intérieur des appartements n'offre que peu d'intérêt ; on y voit cependant un ancien lit à baldaquin dont les rideaux et le couvre-pieds sont en soie brochée. L'usage en est interdit aux métayers qui habitent la maison. Les maisons d'Arrac et de Corisande-d'Andoins, à peu près du même style, n'offrent rien de particulier ; on peut aussi les visiter. Des fortifications qui entouraient autrefois la ville, il ne reste au nord-est qu'une porte ogivale surmontée d'une salle où l'on arrive par un petit escalier.

VII. — Rébénacq-Sévignac.

Aller et retour par Gan ; à pied, 8 heures ; en voiture, 4 heures. — Prix : coupé, 15 fr.; mylord, 18 fr.; landau 25 fr-; — Retour par Belair : à pied, 9 heures ; en voiture, 5 heures. — Prix : coupé, 18 fr.; mylord, 20 fr.; landau, 25 fr.

De Pau à Gan : 8 kil. (V. Route VII.)

On laisse d'abord (8 kil. 100) à droite, la route de Piétat, et, à gauche, la route d'Oloron (22 kil. d'ici) par Lasscube (10 kil. d'ici). Traversant la grande rue de Gan, on laisse encore à droite une seconde route d'Oloron (24 kil. d'ici) par Belair (10 kil. 300 d'ici).

Presque au sortir de la ville de Gan on trouve, à droite, une fontaine d'eau minérale très fréquentée du temps de Bordeu, maintenant à peu près délaissée. Puis, (9 kil.) un mauvais chemin vicinal allant vers Bosdaros. Un peu plus loin, du même côté, on rencontre l'ancienne ferme-école de *Tolou*, magnifique propriété. Bientôt (11 kil. 300), après avoir passé plusieurs fours à chaux, la route s'engage entre deux lignes de coteaux élevés, fortement ombragés, et suit les contours du Néez dont les eaux rapides tombent en cascatelles sur les degrés naturels de roches stratifiées. Au point de vue géologique, ces coteaux exploités en carrière, sont tout-à-fait curieux à étudier dans leurs stratifications verticales, obliques, calcaires et schisteuses de diverses natures. — (14 kil. 500) scierie de marbre. Peu après, (15 kil.) on entre à Rébénacq, gros village sans intérêt. Sur la droite, cependant, au milieu de gras pâturages, on aperçoit le *château de Bitaubé*, et, plus loin, dans les environs, quelques ruine de l'ancien château du marquis de Saint-Chamans. Rébénacq possède le petit établissement minéral du *Pic*, très peu fréquenté.

On passe le Néez sur un beau vieux pont, et, sur la place de l'église on laisse à gauche la route de Rébénacq à Nay et l'on continue, à droite, toujours dans la direction du sud. Le Néez est alors à droite. La vallée s'étrangle peu à peu. On arrive (18 k.) à l'*œil* ou source du *Néez*.

Pour le visiter, il faut, en passant sur un assez mauvais pont, s'engager dans la prairie.

A cent mètres environ de la route, la source jaillit de terre, en bouillonnant, par un trou large et profond. La masse d'eau, qui sort ainsi d'un seul jet, est assez considérable pour faire mouvoir des usines à cent pas de là. C'est de cette source qu'au moyen d'une canalisation de 22 kilomètres la ville de Pau tire l'eau de ses fontaines. Près de l'*œil du Néez*, on peut visiter une grotte de 160 mètres de longueur, dont les stalactites sont assez curieuses.

Après une petite rampe, on trouve, à gauche, le chemin qui conduit au petit établissement de bains, très peu fréquenté, de *Soucours*. Puis, on gravit par une longue montée un très riant coteau, couvert d'arbres et de prairies, qui sépare les vallées tributaires du gave de Pau d'avec les vallées du gave d'Oloron. *Aü soum me repaïsi*, (1) lit-on sur la porte d'une auberge,

(1) Au sommet je me repose.

à l'endroit même où l'œil enchanté découvre l'entrée de la vallée d'Ossau et les bourgs de *Louvie-Juzon*, *Izeste* et *Arudy*, (21 kil.). En face de l'auberge se trouve l'entrée du chemin du Lys, qui, passant par Ste Colomme conduit à Nay.

VIII. — Rébénacq-Belair

Aller et retour : à pied, 8 heures ; en voiture, 3 h. 30. — Prix : mylord, 15 francs ; landau, 25 francs.

De Pau à Rébénacq. (V. R. VII.

A l'entrée de Rébénacq, on laisse à gauche le pont sur le Néez, et, montant immédiatement à droite, on passe près du *château de Bitaubé*. Cette route est la seconde partie du chemin de Nay à Belair par Rébénac, ou plus exactement de Pontacq à Oloron, par Rébénacq et Belair ; elle court de l'est à l'ouest au milieu de nombreuses courbes et par une montée souvent raide.

Les cinq kilomètres qui séparent Rébénacq de Belair sont, à l'automne et au printemps surtout, des plus ravissants à parcourir. Jusqu'au quatrième kilomètre de Rébénacq, la route est toujours dominée au sud, par les côteaux, couverts de futaies de hêtres et de chênes, qu'elle contourne; elle domine toujours au nord d'innombrables collines et vallons. Là, (4 kil. de Rébénacq) on atteint la ligne de faîte des coteaux. Au nord la vue s'étend jusqu'à Pau, et au-delà. Au sud, sur Buzy, où se trouve, sur la voie ferrée d'Oloron, — l'embranchement de Laruns Arudy, Izeste, la vallée d'Ossau et la vallée d'Aspe. C'est pendant plus d'un kilomètre, l'un des plus beaux panoramas des environs de Pau.

Belair (5 kil.) — Bonne auberge sur le point culminant du coteau, au nord de la route. (De Rébénacq 5 kil.; de Pau, 18 kil. — Oloron est, en suivant la route à 13 kil. — (V. R. XXXI).

Retour à Pau (V. R. IX).

IX. — Gan-Belair

Aller et retour : à pied, 8 heures ; en voiture 3 h. 30 — Prix : mylord, 15 fr.; landau, 20 francs.

De Pau à Gan. — (V. R. VI)

On continue à suivre la route nationale d'Eaux-Bonnes qu'on laisse à gauche, un peu avant la sortie du bourg (8 k. 800). On tourne à angle droit et l'on va vers l'Ouest ; on passe (8 kil. 950) sous le pont du chemin de fer que l'on suit dans la direction du sud-Ouest, le retrouvant presque à chaque instant au niveau et en contre-bas de la route. On aperçoit d'abord entre 9 et 10 kil.) un petit tunnel ; puis (11 kil.) un viaduc de six arches, et huit cents mètres plus loin, un autre grand viaduc courbé, en ∽ de 15 arches, vrai chef d'œuvre de l'art de l'ingénieur ; puis (14 kil.) un troisième viaduc de cinq arches et, en face d'un charmant petit château (entre 15 et 16 kil.) un quatrième viaduc de trois arches. Presqu'aussitôt après, (16 kil.) on voit, sur la colline, le hameau dit *Haut de Gan* qui forme une seconde paroisse dans cette immense commune. La halte du chemin de fer est, en face, un peu au dessous. La route continue à monter assez rapidement, laissant à droite, très au loin, à l'horizon, *Lasseube, Aubertin* et *St-Faust*, et, plus prés, sur un pittoresque mamelon, *la Saubetat*, par où passe une bonne route reliant Lasseube et Belair et venant s'embrancher au bas de la côte de Belair. On perd, dans le fond de la vallée, la vue du chemin de fer qui, bientôt, entre dans le tunnel de Belair pour aller sortir en avant de Buzy. Enfin, dominant toujours un vrai chaos de coteaux et de vallons, on atteint *Belair* (18 kil. — V. R. VIII)

X. — Pau à Lasseube.

Aller et retour : à pied 7 heures ; en voiture 4 h. 35.—Prix : Mylord 15 fr., landau 20 fr.

De Pau à Gan, (V. R. VI). Presque à l'entrée de Gan, (8 k. 100) on prend à droite le chemin de Pau à Oloron par Lasseube. On passe d'abord sous un beau pont biais en pierre servant à la voie ferrée et l'on monte dans la direction de l'ouest. Au troisième kilomètre, on rencontre à droite le chemin de Laroin, chemin charmant à la base méridionale des coteaux de Jurançon; si l'on voulait par la revenir à Pau, on irait jusqu'à Laroin (9 kil. 600 de l'embranchement). — Puis, un peu plus haut, à gauche, on rencontre une traverse qui conduit à la route d'Oloron par Belair (V. R. IX). Plus haut encore, (5 kil. de Gan) on trouve à droite, le chemin de Lacommande, pays couvert de bois, qui après avoir cotoyé les vignobles renommés de St-Faust, aboutit à Artiguelouve.

Jusqu'à Lasseube, de vallon en coteau et de coteau en vallon, on ne voit que peu ou pas de villages ; au contraire, des fermes, villas, ou petits châteaux en grand nombre. Enfin, après avoir longé à gauche le beau domaine de M. Louis Lacaze, on entre (10 kil. de Gan) à Lasseube gros bourg où l'église seule offre quelqu'intérêt. On peut revenir à Pau par Belair (V. R. IX.) ou par Lacommande (V. R. XI).

XI. — De Pau à Aubertin et Artiguelouve.

Aller et retour : à pied, 11 heures ; en voiture, 4 heures 30. — Prix : charrette anglaise, 12 fr.

A Gan (8 kil. V. R. VI). On prend sur la droite, la route de Lasseube (V. R. X). Laissant à gauche l'école de Las-Hies, construite sur le bord du ruisseau du même nom, et, à droite, le chemin de Laroin, on monte une longue côte, au sommet de laquelle on quitte la route de Lasseube (5 kil. de Gan) pour prendre, à droite encore, un chemin qui suit constamment la crête des coteaux.

On ne tarde pas à apercevoir, sur la gauche, dans la direction du S. S.-O., Lasseube perdue au fond d'un cirque de mamelons recouverts de champs cultivés, de bois et de prairies ; sur les coteaux de droite, sont les vignobles de Gan et de St-Faust.

Peu après, laissant à gauche une métairie, on gravit une petite côte très raide. Au sommet près d'une maisonnette la route bifurque; il faut toujours continuer à suivre sur la gauche la crête du coteau — le chemin de droite conduirait à St-Faust. — D'ailleurs, pas d'agglomération ; des maisons isolées, ou par tout petits groupes. La vue est toujours très belle. A droite, presque toutes les hauteurs sont couvertes de vignobles, moins nombreux du côté de Lasseube.

Bientôt, l'altitude du coteau diminue sensiblement. On rencontre sur la droite, presque isolée au bord de la route, l'église d'Aubertin. Sur la gauche, au fond d'une vallée, paraît Lacommande. On descend alors assez rapidement dans la direction du nord et l'on rejoint la route de Lasseube à Artiguelouve que l'on suit, en tournant à droite, à travers une vallée très pittoresque pleine de prairies et de vignes. Laissant alors à gauche le gros du bourg et l'église d'Artiguelouve, on rejoint la route de Pau à St-Jean-Pied-de-Port. On peut rentrer à Pau, soit par Laroin et Jurançon (V. R. XV), soit par le pont de Lescar et la route de Bayonne (V. R. XII).

LESCAR. ARTIX. LE PONT-LONG.

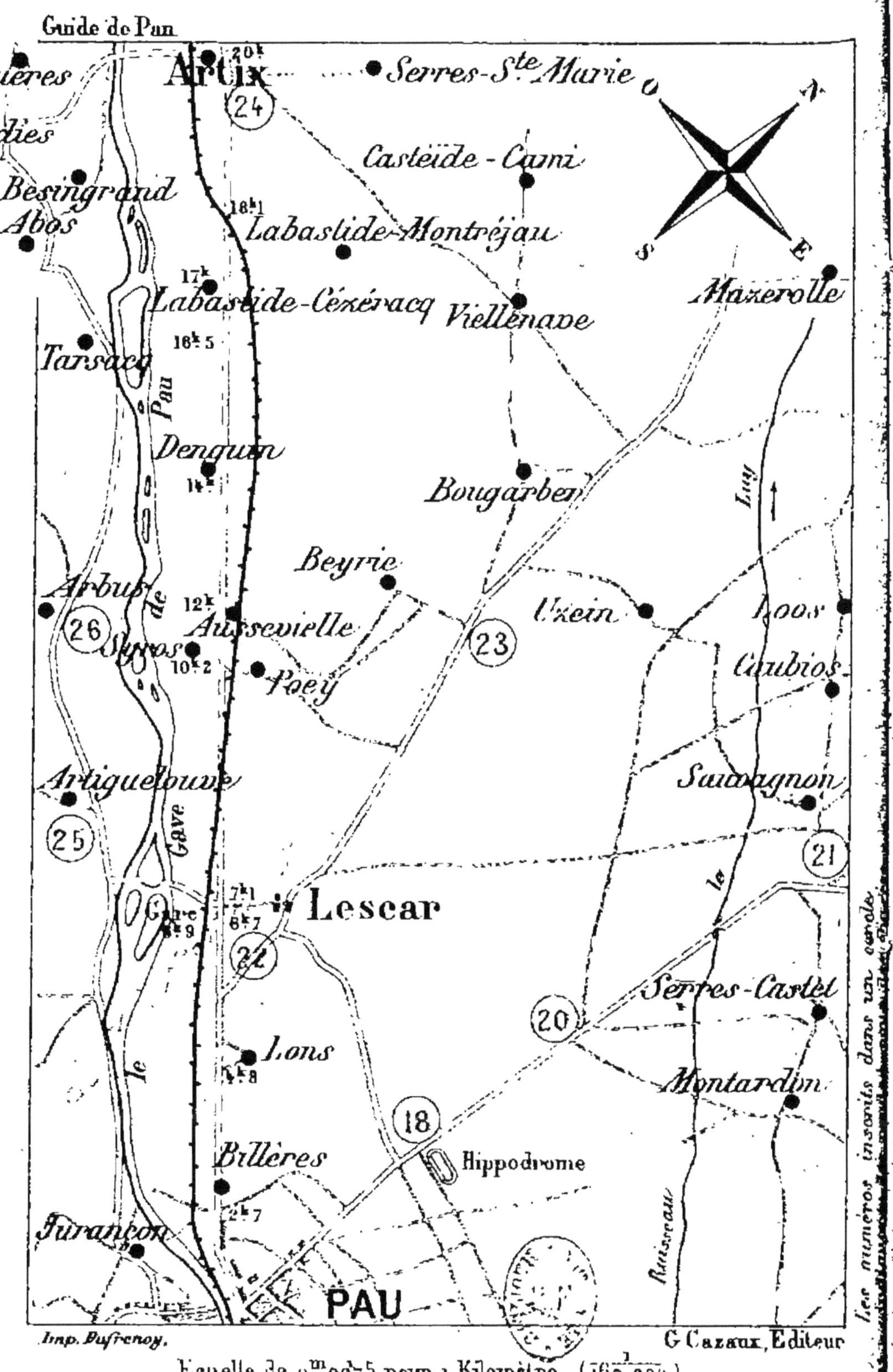

Echelle de 0m 0075 pour 1 Kilomètre ($\frac{1}{160.000}$)

XII. — Lescar.

Aller et retour : à pied, 3 heures ; en voiture, 2 heures. — Prix : coupé, 6 fr.; mylord, 8 fr.; landau, 10 fr. — voie ferrée.

On prend à la Basse-Plante la route de Bayonne qui longe le Parc au nord. Au bout du Parc, on trouve, à gauche, un chemin qui conduit soit au Parc, soit à la plaine de Billère ; à droite paraissent, sur la hauteur, l'église de Billère et de nombreuses villas ; peu après, on rencontre le chemin qui conduit au village en passant près de la maison Lassansa, ancienne ferme où fut nourri Henri IV. A 2 kil. 700 de Pau, deux chemins, l'un à gauche, conduisant à la plaine, l'autre, à droite, au bourg et aux coteaux où se voit le château de Billère. On voit ensuite à droite (4 kil. 800) Lons : puis (5 kil. 600) deux gros pilliers de pierre de taille marquant l'avenue du Bilàa, château de M. d'Ariste, construit sur les ruines d'un ancien camp romain. Cent mètres plus loin est un premier petit chemin conduisant à Lescar. La route coupe ensuite à niveau la voie ferrée. On laisse la gare (6 kil. 800) à droite et, cent mètres plus loin, on prend du même côté la route départementale de Lescar à Sault de Navailles ; on passe près de l'ancien collége des Barnabites, belle construction qui est aujourd'hui l'*Ecole normale* des garçons, et l'on arrive à la basse ville qui est maintenant la plus vivante partie de Lescar. Une rampe rapide conduit à la partie haute de l'ancienne cité, probablement cette *Beneharnum* qui donna son nom au Béarn.

Détruite, au IXe siècle, par les normands, elle fut reconstruite par Guillaume Sanche qui éleva aussi la cathédrale. Lescar souffrit beaucoup des guerres religieuses, mais garda son évêché jusqu'à la Révolution.

La cathédrale dont l'extérieur fut remanié pendant la renaissance est un édifice roman du XIIe siècle. Elle comprend trois nefs, un transept et trois absides ; elle a 61 mètres de longueur et 22 de largeur ; les voutes en sont un peu basses ; celles de la grande nef sont en berceau ; les chapitaux des pillers et la décoration des arcades représentent des scènes bibliques et des allégories dignes d'attention. La disposition du monument est unique parmi lés églises du midi et rappelle certaines églises de Bourgogne et quelques parties de la cathédrale de Périgueux. Sous le plancher du chœur sont cachés de précieux fragments de mosaïque. Toutes les pierres tombales sont du XVIIe siècle ; celles des siècles antérieurs ont été détruites par les calvinistes. Catherine de Navarre, Marguerite de Valois, Jeanne d'Albret, et plusieurs autres souverains du Béarn ont été ensevelis dans la cathédrale de Lescar. Sur la façade, tout entière de la Renaissance, on lit cette inscription : *Phœbus me refecit, anno 1635*.

Près de la cathédrale, on voit encore quelques restes des anciennes fortifications. Un vieux château de briques couronne l'escarpement de la colline ; la tour carrée, qui a reçu le nom de *Fort de l'Esquirette*, est du XIVe siècle. A quelque distance on aperçoit de grands ormes qui ont vu les guerres de religion : des prêtres y furent pendus par les huguenots.

Le retour à Pau peut s'effectuer, soit par la route de Bordeaux, soit par Artiguelouve. Dans le premier cas, il faut, en haut de Lescar, près du Forail, prendre à droite un beau chemin vicinal qui vient déboucher sur la route de Bordeaux près du restaurant Lartigue (V. R. XIV). Dans le second cas, il faut redescendre près de la gare et prendre la route de Monein. On traverse le gave sur un beau pont suspendu et l'on gagne Artiguelouve (V. R. XV).

XIII. — De Pau à Artix.

Aller et retour : à pied, 8 heures ; en voiture, 3 heures 25. — Prix : Mylord, 15 fr.; landau, 25 fr.. — Voie ferrée.

De Pau à Lescar, 7 kil. (V. R. XII). La route continue toujours droite et bordée de beaux peupliers. On aperçoit à gauche (6 kil. 600), au milieu d'un bouquet de chênes, le château d'Eslayou. C'est au milieu des arbres, au même endroit, qu'une sorte de tribunal appelé *cour d'Eslayou*, a siégé jusqu'au XIVe siècle. Plus loin, à droite (10 kil. 200), route conduisant à Poey en passant près du joli château de Mlle de Blandy. Puis, à gauche, près de la route, c'est d'abord Siros (11 kil.) où l'on aboutit par deux chemins à 500 mètres l'un de l'autre. C'est ensuite à droite, Ausevielle où mène un beau chemin qui conduit également à Beyrie (4 kil.), à Uzein

(7 kil.) et à Caubios-Loos, dans les landes du Pont-Long (11 kil.).

Dans ce pays fertile et très cultivé, les villages se succèdent avec rapidité. Bientôt on voit le gros bourg de Denguin (14 kil.) dont une partie borde la route. Peu après (16 kil. 300) on entre à Labastide-Cézerac dont l'église est à 800 mètres sur la gauche. Après avoir de nouveau coupé la voie ferrée (18 kil.) la route infléchit vers le sud-ouest et l'on entre à Artix (20 kil). La vue n'a pas un moment cessé d'être ravissante : au nord, ce sont des collines couvertes de bruyères et de taillis, de grands chênes et de vastes châtaignerées ; au sud, ce sont les beaux coteaux de la rive gauche du gave, laissant échapper de leurs échancrures les blancs sommets des Pyrénées.

Le morne chef-lieu de canton qui porte le nom d'Artix n'offre, d'ailleurs, rien de remarquable.

Si l'on veut revenir à Pau par la rive gauche du gave, il faut prendre à gauche, presque au milieu du bourg un chemin qui passe à niveau la voie ferrée à l'ouest de la gare. On entre bientôt dans les dépôts du gave, espaces immenses de bois, d'aulnaies, et de marécages que les eaux envahissent presque toujours à chaque crue. De grands travaux de défense ont été entrepris sur ce point contre le torrent qui, dans ses capricieux détours, forme une multitude de petites îles, les unes couvertes d'arbres, les autres simples bancs de cailloux et de gravier. On atteint ainsi (2 kil.) un beau pont, un peu étroit cependant, du haut duquel on aperçoit vers le nord-ouest, le château de La Castanhère dont les tuiles rouges étincellent au soleil, et, presque à l'horizon, au milieu d'un gros massif de verdure, Mont, la belle résidence de l'ancien sénateur, M. de Lestapis. Deux kilomètres plus loin, en traversant de belles cultures on atteint Pardies. (V. Route XV).

XIV. — Pau-Lescar et le Pont-Long.

Aller et retour : à pied 11 heures ; en voiture 6 heures. — Prix : mylord 20 francs ; landau 30 francs.

Cette excursion s'exécute entièrement sur le plateau qui s'étend au nord de Pau et dans la partie ouest limitée par la route de Bordeaux. En quittant Pau, c'est donc cette route qu'il faut prendre. Près du restaurant Lartigue (3 kil. 250), on tourne à gauche, et longeant d'abord à droite la belle propriété de M. Manescau qui possède un étang où l'on patine quelquefois dans les hivers d'une rigueur exceptionnelle, l'on continue directement à l'ouest jusqu'à Lescar (V. Route XII). Là, près du poteau d'octroi, on tourne à droite pour rejoindre, un peu plus loin, près du Forail et en face de la caserne de Gendarmerie, la route de Bougarber ou, à proprement parler, d'Arzacq. On franchit un petit ruisseau. A droite se présente un chemin vicinal allant à Sauvagnon, village situé (8 kil.) dans les coteaux qui ferment le Pont-Long au nord. On peut prendre ce chemin si l'on veut abréger l'excursion. Dans ce cas, on le suivra jusqu'à sa rencontre avec une route qui, partant de Momas va rejoindre la route de Bordeaux après avoir traversé Uzein — voir plus bas. — Dans le cas contraire, on continue à suivre la route d'Arzacq. A droite, peu de cultures ; à gauche, beaucoup de bois jusqu'à un chemin qui monte, à l'ouest, vers Beyrie dont le château, à mi-côte d'une colline appartient au prince de Béarn. De l'autre côté de cette colline, c'est Aussevielle, non loin de la voie ferrée.

A deux kilomètres environ, deux chemins se détachent de la route d'Arzacq : le premier, à gauche, va vers Bougarber que l'on aperçoit sur la hauteur (2 kil.) ; le second, à droite, va vers Caubios-Loos (5 kil. 1/2) et vers Uzein (3 kil.). Si l'on veut abréger, c'est une variante de la course. Dans le cas contraire, on continue à suivre la route d'Arzacq jusqu'à la hauteur de Villenave (que l'on pourrait atteindre à droite (2 kil.) par un assez mauvais chemin) ; en cet endroit il faut laisser la route départementale pour le chemin vicinal qui va vers Momas. On n'atteint point ce bourg sans intérêt. En allant vers le nord-est à travers un pays couvert de bois, de touyas et de bruyères, désolé durant l'hiver, très ombragé et tout verdoyant durant la saison, on trouve le chemin qui, descend dans la direction du sud-est vers Uzein, village perdu dans la lande. En sortant d'Uzein, on entre tout aussitôt dans les tuies du Pont-Long et après avoir coupé le chemin de Lescar à Caubios, à 2 kil. d'Uzein, l'on rejoint (7 kil. de Pau) la route de Bordeaux que l'on descend directement, non sans joie pour les yeux, si, par une belle soirée, le soleil empourpre de ses rayons les neiges immaculées de la montagne.

XV. — De Pau à Monein.

Par Jurançon et Laroin : aller et retour : à pied, 10 heures ; en voiture, 5 heures. — Prix : mylord, 18 fr.; landau, 25 fr.

En sortant de Pau par la rue du XIV Juillet, on prend bientôt à droite le chemin de l'église de Jurançon, et l'on rejoint, auprès des glacières départementales, après avoir franchi le pont du Néez, la route de Pau à St-Jean Pied-de Port. --- Cette route a son amorce sur la route des Eaux-Bonnes à l'angle de la villa Franca à Jurançon ---. Aussitôt on tourne encore à droite et l'on s'engage dans le flanc nord des coteaux de la rive gauche du gave que cette route ne quitte plus jusqu'à Laroin, surplombant sans cesse le torrent, souvent d'une assez grande hauteur. C'est tout-à-fait pittoresque. Un chemin à gauche, s'engage dans une étroite vallée et conduit à Gan (12 kil. 500). --- *Laroin* 7 kil. 750.

La route descend alors dans la plaine. On laisse à droite (9 kil. 300) l'embranchement qui conduit à Lescar. Dans cette plaine charmante et d'une extrême fertilité, un grand canal d'irrigation distribue les eaux du gave ;

on traverse successivement *Artiguelouve* (11 kil.) long et frais village s'étendant sur plus d'un kilomètre avec un vieux château parfaitement entretenu ; puis *Arbus* (14 kil. 2/3) ; puis *Tarsacq* (18 kil.) et *Abos* (19 kil. 500). Près de l'église d'Abos, à droite, une vielle maison ornée d'une petite tour. C'était la propriété de l'illustre Bordeu, le grand bienfaiteur des sources thermales pyrénéennes. Près d'une croix de Mission (21 kil.), au milieu des champs, la route bifurque ; on suit l'embranchement de gauche et on atteint bientôt, au milieu d'un bois de chênes géants, la route d'Artix à Monein ; on tourne brusquement au sud et, après avoir traversé un ruisseau sur un large pont de schistes, la route, bordée de bois et de prairies, devient une belle avenue ; on franchit un chaînon de collines qui séparent la Baylongue de la Bayse, d'où l'on jouit d'une belle vue, et l'on arrive à *Monein* (26 kil.), bâti à l'extrêmité de la plaine et, en partie, sur la pente, très douce, d'un coteau.

Situé sur la rive gauche de la Baylongue, Monein n'a d'autre attrait que son église ogivale classée parmi les monuments historiques. La porte, ornée de sculptures informes, est de la Renaissance, de même qu'une haute et lourde tour carrée. On peut voir aussi les restes d'un château-fort appelé Castéras.

Le retour peut s'opérer soit par Artix, soit par Lescar. Par Artix, on doit prendre la route qui conduit à *Pardies*, beau village au milieu de la plaine de ce nom. (6 kil. environ). De

Pardies, on trouve (1 kil. 300), une bifurcation: d'un côté, Noguères (1 kil.), de l'autre (2 kil. 600), Artix (V. R. XIII). — Par Lescar, il faut redescendre jusqu'à Artiguelouve et prendre entre ce village et Laroin, l'embranchement qui conduit à Lescar (2 kil. 750 de l'embranchement) en franchissant le gave.

XVI. — Pau à Assat.

Aller et retour par les deux rives du gave: à pied, 4 heures 30; en voiture, 3 heures. — Prix: coupé, 8 fr.; mylord, 10 fr.; landau, 12 fr.. — Voie ferrée.

On sort de Pau par la rampe de Bizanos, route de Lourdes, ou bien, en suivant à l'est de la gare la promenade du Bois-Louis jusqu'au pont de l'Ousse; on trouve (2 kil.) *Bizanos* (voir promenades) sur la rive droite du gave. La plaine fertile qui s'étend vers le sud-est, offre les plus charmants aspects. Elle est dominée à gauche par des collines en partie boisées où se trouve un beau camp romain qui n'est que la vieille motte féodale des seigneurs de *Mondaïit*. Lacrête en est, en quelques parties, longée par une ancienne voie appelée, depuis un siècle environ, et on ne sait pourquoi, *Chemin de Henri IV*.

Le gave qui parcourt la vallée, forme un grand nombre d'îles bordées de peupliers. Les villages se suivent presque sans interruption et ressemblent à une longue rue de métairies.

Après Bizanos, sur le ruisseau de Lagoin, on rencontre *Aressy* (4 kil.), puis *Meillon* (6 kil) et *Assat* (8 kil.), très ancien village qui n'a de curieux que son château du XVe siècle. Sur la gauche, une belle route conduit (V. R. XXVIII) à Morlaàs en traversant la vallée de l'Ousse. En face, à droite est le chemin qui, passant sur la rive gauche du gave par un beau pont suspendu, relie Assat à Narcastet (V. R. II et XVIII). A la sortie d'Assat, on trouve un chemin qui conduit (18 kil. 800 de là) à *Montaut* en passant par *Angaïs*, *Beuste*, *Lagos*, *Bordères* et *Bénéjacq*, villages tous situés sur le bord du Lagoin et au pied même de collines boisées. A Bénéjacq une chapelle est construite sur les ruines d'un château dont quelques fortifications existent encore. On pourrait donc d'Assat gagner Montaut-Bétharram et revenir par Coarraze et Nay (V. R. XIX) ; mais ce serait une longue course de plus de cinquante kilomètres.

XVII. — Pau à Nay (rive droite).

Aller par Bizanos, retour par Gélos et réciproquement : à pied, 8 heures ; en voiture, 5 heures et demie. — Prix ; coupé, 15 fr.; mylord, 15 fr.; landau, 20 fr.. — Voie ferrée.

De Pau à Assat, 8 kilomètres (V. R. XVI). Quittant Assat, on laisse à gauche la route d'Assat à Montaut, laquelle, durant 19 kil., passe par Angaïs, Beuste, Lagos, Bordéres, et Bénéjacq, tous situés sur les bords du Lagoin. On traverse ensuite *Bordes* (9 kil. 750), puis *Bezing* (10 kil. 500), *Boeilh* (12 kil. 750) avec une curieuse petite église romane, puis *Baudreix* (14 kil. 500) d'où part, à gauche, un chemin vicinal allant (16 kil. 3/4 de l'embranchement) aboutir à Morlàas par Ousse, *Mirepeix* (16 kil.) et à un kilomètre on trouve *Claracq*, ou s'embranche, à gauche, la route qui conduit à Nay, situé de l'autre côté du gave.

Nay a été de tout temps une ville industrielle. Détruite par un incendie en 1543, relevée de ses ruines et de nouveau désolée par les guerres de religion, elle est aujourd'hui très florissante. On y remarque l'église construite au XVe siècle dans le style ogival, et, sur la place de l'Hôtel de Ville, la *Maison carrée*, construction de la Renaissance que les uns attribuent à la reine Jeanne, les autres à Marguerite de Valois. Le théologien protestant, Jacques Abbadie, naquit à Nay en 1657.

De la place principale de Nay à gauche en arrivant, part un beau chemin qui, par *Asson* (3 kil.) où l'on remarque le château du comte de Luppé, et *Bruges* (9 kil. 500) arrive, au milieu d'une nature des plus pittoresques, à *Louvie-Juzon* (20 kil.).

Retour par la rive gauche.

XVIII. — Pau à Nay (rive gauche).

Aller par Gélos, retour par Bizanos, et réciproquement : à pied, 9 heures ; en voiture, 5 heures et demie. — Prix : coupé, 15 fr.; mylord, 18 fr.; landau, 20 fr.

On sort de Pau par la rue du XIV Juillet. A la Croix du Prince (1 kil. 300), on laisse à droite la route de Pau à Eaux-Bonnes, puis on traverse à niveau la voie ferrée de Pau à Oloron. On laisse encore à droite le chemin de Pau à Gan par les coteaux de Guindalos ; on passe le Soust sur le *pont du Capitaine* ; on laisse, toujours à droite, le chemin de la Vallée heureuse où s'embranche la route de Piétat (V. Route IV), voici *Gélos*. A la croix de Gélos, trois chemins : il faut prendre celui de gauche. Plus loin, on longe l'église à droite, puis le haras à gauche. En quelques tours de roue, (2 kil. 800 de la Croix du Prince) on atteint *Lezons*. Sur cette rive gauche du gave, les villages sont aussi pressés, et plus encore, que sur la rive droite. Rien de plus charmant, d'ailleurs, que cette route, dominée d'un côté, par les grands coteaux si verdoyants, découvrant, de l'autre côté, toutes les villas du quartier Trespoey.

A peine a-t-on quitté Lezons et dépassé l'église de Mazères que l'on voit, à droite, (3 kil.) *Uzos*, puis (5 kil.) la partie basse de *Rontignon*. Près de l'église, un chemin monte vers les coteaux ; on pourrait par là, mais peu commodément, aboutir à Piétat. Quelques pas encore, voici *Narcastet* (6 kil. 500). La route traverse ici de grands espaces très régulièrement complantés de chênes, comme dans beaucoup d'endroits des Pyrénées, et suit, au pied même des coteaux, un petit ruisseau dérivé du gave. Voici (7 kil. 500) l'embranchement de la route d'Assat que l'on atteindrait, à un kil. environ, après avoir passé le pont suspendu qui paraît à une toute petite distance. Bientôt (8 kil.), la route monte à flanc de coteau dominant le torrent. Très belle vue sur les grèves. On rencontre ensuite, à droite (8 kil. 900) le joli château du baron de Colomby. La route s'abaisse, laisse à droite un bois de chênes superbes, franchit un petit pont et passe à gauche de *Baliros*. Peu après (11 kil.) on atteint *Pardies* de Nay, village d'une origine, dit-on, très ancienne, qui fut ruiné par les guerres de religion et près duquel on voit un beau château moderne. La route de Piétat débouche au milieu du village.

Après Pardies, la route abandonne tout-à-fait les coteaux et entre dans la magnifique et riche plaine, appelée plaine de Nay, dans laquelle on traverse d'abord *Arros* (13 kil.), laissant à droite la vieille et belle résidence du baron d'Espalungue, puis le chemin du Lys qui, à 15 kilomètres de là, passant par Ste Colome, aboutit à Sévignac. A la sortie d'Arros (15 kil.) autre route sur la droite, allant, à un pays très accidenté mais très pittoresque, d'abord à Rébénacq, ensuite à Belair, avec un parcours de près de dix-neuf kilomètres (V. R. VIII.) A 750 mètres d'Arros, voici *Bourdettes*. Bientôt, laissant à gauche la fabrique de tissus de M. Nelly, on aperçoit à droite, sur un mamelon, un fort joli château avec un beau parc, et l'on entre à Nay (18 kil.).

Retour par la rive droite (V. R. XVIII).

XIX. — De Pau à Coarraze.

Aller par Bizanos, retour par Gélos, ou réciproquement : à pied, 9 heures ; en voiture, 4 h. 30. — Prix : coupé, 18 fr.; mylord, 20 fr.; landau, 25 fr. — Voie ferrée.

Dix-sept kilomètres de Pau à Nay (V. Route XVIII), à Clarac on laisse à droite l'embranchement qui conduit à Nay ; on continue dans la direction Est, et, laissant à gauche la gare de Coarraze-Nay, on traverse, un peu plus loin, la voie ferrée pour atteindre, en quelques minutes, *Coarraze*.

C'était autrefois la clef de la frontière béarnaise du côté de la Bigorre. Aussi bien, on y voit des débris de fortes murailles, une église crénelée. Près d'un château moderne, bâti sur l'emplacement de celui où fut élevé Henri IV, et où, d'après le vieux Froissart, se seraient passées d'étranges histoires de revenants, on voit une tour, reste de l'ancienne demeure ; au-dessus du portail est gravée cette inscription *Lo que ha de ser no puede faltar,* » ce qui doit être ne peut manquer ». — C'est à Coarraze que commence le canal du Lagoin qui sert à l'irrigation de toute une partie de la vallée jusqu'à Pau. — Au retour, au lieu de revenir par le même chemin, presque à la sortie de Coarraze on prend un chemin à gauche, et on passe par Nay. (V. R. XVIII).

XX. — De Pau à Bétharram.

Retour par Nay et Gélos : à pied, 10 heures ; en voiture, 6 heures. — Prix : coupé, 20 fr,; mylord, 25 fr.; landau 30 fr. — Voie ferrée.

De Pau à Coarraze, 18 kilomètres (V. R. XIX). Après avoir franchi le chemin de fer et le gave sur deux ponts juxtaposés, on traverse Igon (21 kil.) qui possède une ancienne église dont le chœur est roman et la nef ogivale. En face, dominant la belle vallée de l'Ouzon, se dresse la superbe cîme de la *Pêne de la Hèche*. La route continue, offrant toujours le même panorama de collines et de montagnes. Au vingt-quatrième kilomètre se trouve a gauche, de l'autre côté du gave, *Montaut*, la station du chemin de fer, et, sur l'autre rive, en amont de *Lestelle*,

Bétharram.

Très ancien lieu de pèlerinage. La tradition rapporte que Gaston IV de Béarn, revenant de Terre Sainte, fut frappé de la ressemblance du coteau boisé de Bétharram avec le Calvaire, et qu'il y traça une route avec de petites chapelles rappelant chacune un épisode de la Passion. En 1793, ces chapelles furent détruites ; mais on les a relevées et ornées de bas-reliefs en plâtre de

M. Renoir. Dans ces dernières années plusieurs ont été reconstruites sur des proportions plus vastes, et, sur le sommet, on a élevé une véritable église à la Résurrection.

Au pied du Calvaire se trouve l'église de Bétharram. Au-dessus du portail, on voit des statues, en marbre, de la Vierge et des évangélistes, style du XVIIe siècle. L'intérieur est très riche. Les murailles sont tapissées de tableaux, de cariatides et d'ex-voto. La voûte représente le ciel où figurent le soleil, la lune et les planètes ; puis des prophètes, des madones, des martyrs, des saints de toutes les grandeurs et de toutes les formes. Le trésor de l'église possède en ex-voto, la robe et le voile de noces de Mme la comtesse de Chambord. L'édifice, brûlé en 1569 par Montgommery, fut rétabli en 1630.

A peu de distance de l'église, on voit un *pont* d'une seule arche hardiment jeté sur le gave et couvert d'un lierre capricieux. Des escaliers, descendant jusqu'au bord de l'eau, conduisent à une fontaine vénérée au-dessus de laquelle est une Vierge en marbre blanc. Elle aurait été élevée à une époque incertaine, en accomplissement d'un vœu fait par une jeune fille qui, tombée dans le gave, fut, d'après la légende, sauvée par un rameau miraculeux. Les calvinistes détruisirent cette petite chapelle ; mais au XVIIe siècle on la réédifia.

Pour visiter la *Grotte* de Lestelle (3 kil.), il faut prendre un guide (5 ou 6 fr.), et, si l'on craint la marche, louer un char à bancs du pays. Néanmoins, la dernière partie de la route, sept ou huit cents mètres, doit se faire à pied. Cette route suit d'abord le gave, très-torrentueux en cet endroit, puis pénètre dans la gorge de *Riocaube*, et bientôt s'arrête au milieu de débris, au pied d'un grand contre-fort de la montagne, dont les premières assises sont couvertes de belles prairies. On monte environ soixante mètres, par un sentier à peine tracé, jusqu'à l'entrée de la grotte, assez étroite et à demi cachée par les broussailles. La grotte est très-vaste et comprend trois chambres parfaitement séparées. La troisième est d'un accès difficile, mais les stalactites et les stalagmites en sont d'une grande beauté. En allumant au milieu de la grotte, sur des quartiers de roche, des feux de paille ou des feux de Bengale, on jouit d'un spectacle véritablement féérique. — Au retour, il faut revenir jusqu'à Coarraze, prendre l'embranchement qui conduit à Nay, si l'on veut rentrer à Pau par la rive gauche du gave. (V. R. XVIII).

XXI. — Pau à Bordes d'Espoey.

Aller et retour : à pied 7 heures ; en voiture 3 heures. Prix : coupé, 8 fr.; mylord, 10 fr.; landau, 15 fr.

On sort de Pau par l'avenue Porte-Neuve où commence la route de Tarbes. D'abord, on trouve, à droite, le *Chemin de la salade* qui, après avoir traversé une partie du quartier Trespoëy, vient ressortir sur la même route de

Tarbes (3 kil. 500) sous le nom de *chemin de Larribeau*. Un peu plus haut, on rencontre, allant du nord au sud, vers le quartier Trespoëy, une grande voie bien tracée et destinée à des constructions, sous le nom de *Boulevard Guillemin*. Peu après, on laisse à gauche, au point de séparation des routes de Tarbes et de Morlàas, le Petit Boulevard se dirigeant vers l'ouest, et la route de Morlàas montant vers le nord-est. Plus loin, à droite, (6 kil.) un chemin descend, vers Dron à 1300^{m}. Le chemin de gauche ne peut conduire qu'en plein champ.

La route de Tarbes formant jusqu'à Bordes d'Espoey une ligne de faîte de la vallée de l'Ousse, il en résulte que tous les chemins à droite descendent dans cette vallée, sont d'autant moins rapides et moins longs que l'on approche davantage de son point d'origine, c'est-à-dire d'Espoey. En effet, (6 k. 900) on rencontre le chemin qui descend à *Lée* (800^{m}), puis, (8 k. 200) le chemin qui conduit à *Ousse* (600^{m}). En face du chemin de Lée, est à gauche un chemin qui n'a aucune issue. Au contraire, à la bifurcation d'Ousse, deux chemins conduisent : celui de droite à Nay 13 k. 500 (d'ici), celut de gauche à Morlàas (6 k. 700 d'ici). Presque aussitôt la route traverse (9 k. 800) le deuxième canal du Lagoin, dit *canal des coteaux* (le premier traverse la vallée de Nay et suit en grande partie le tracé du chemin de fer) que l'indifférence des cultivateurs laisse toujours à sec. Peu après avoir dépassé le 11e kilomètre, le chemin de gauche conduit à Andoins, celui de

MORLAAS. ANDOINS. BORDES D'ESPOEY.

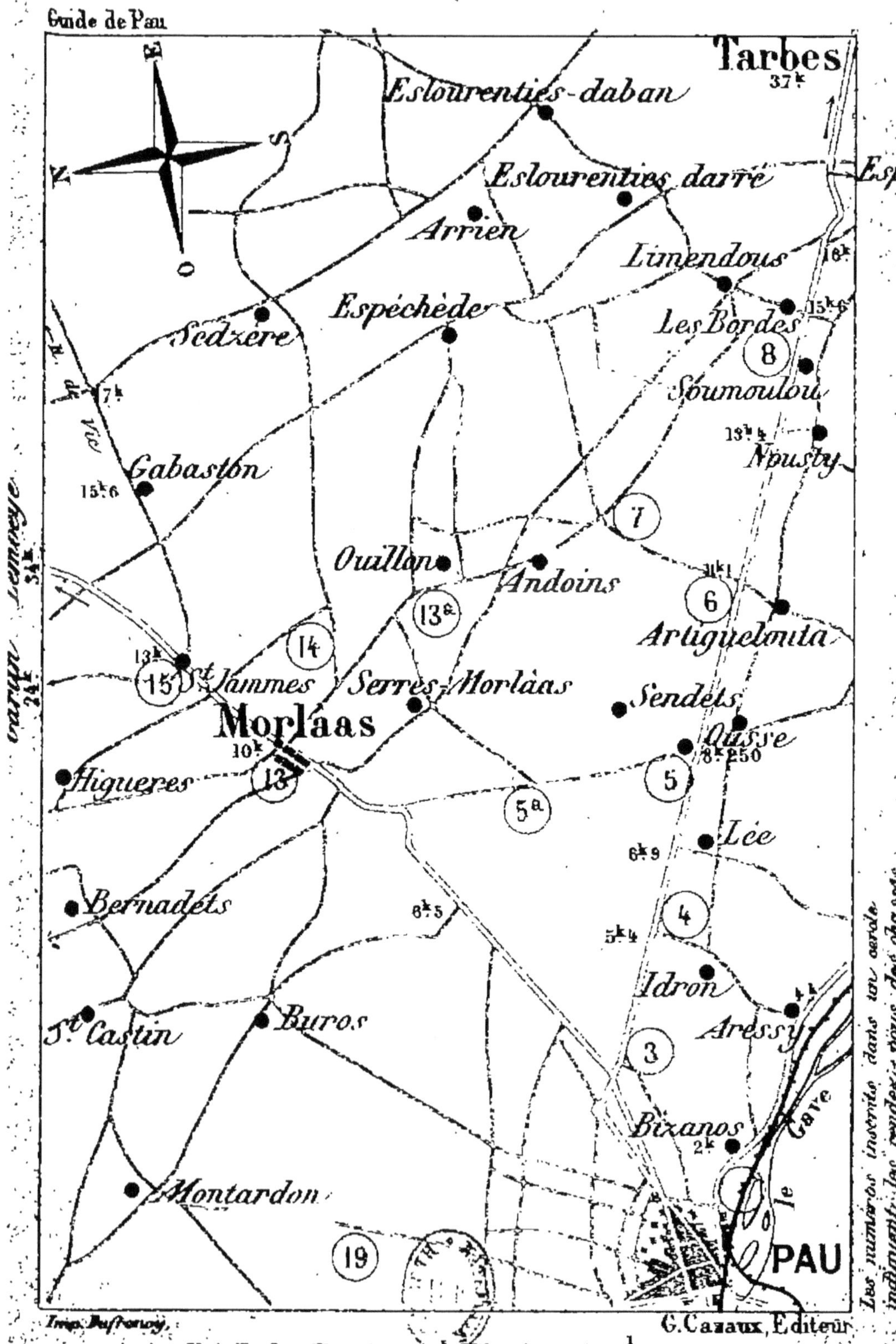

Echelle de $0^{m}0075$ pour 1 Kilomètre $\left(\frac{1}{160.000}\right)$

droite à Artigueloutan et va rejoindre à Ousse, en infléchissant vers le sud-ouest, le chemin de Nay par Assat. On rencontre ensuite (13 k. 400) *Nousty* dont le village se trouve à 200 mètres dans la vallée, et, enfin 15 k. 600, on arrive à *Bordes-d'Espoey* au pied même de la côte dite de *Soumoulou*.

Au sortir de Bordes-d'Espoey, on trouve, à droite, la routedcPontacq que l'on rejoindrait à 10 k. 500. --- *Espocy*, au fond de la vallée de l'Ousse, est sur cette route à 2 k. 250.

XXII. — Pau à Morlàas.

Aller et retour : à pied 5 heures, en voiture, 3 heures. — Prix : coupé, 10 fr.; mylord, 10 fr.; landau, 12 fr.

Prendre au sortir de Pau, l'avenue Porte-Neuve et la route de Tarbes, puis (3 k. 150), à gauche, la route de Morlàas qui conduit aussi à Lembeye. On rencontre (4 kil.) le chemin dit du Grand Boulevard qui va rejoindre la route de Bordeaux. Bientôt de chaque côté de la route les peupliers remplacent les frênes et on entre en pleine lande du Pont-Long. Çà et là quelques champs cultivés et à droite deux métairies presque au bord de la route. On laisse à gauche - 6 k. 500 -- un mauvais chemin qui conduit à Buros, puis, au pied du coteau, et toujours du même côté, le château de M. de Paul et la vieille côte où ne passent plus guère que les piétons et les cavaliers, et l'on commence à gravir la côte de Morlàas, longue et assez raide mais ombragéé et égayée constamment par une magnifique vue de la plaine de Pau et aussi des Pyrénées. A mi-côte on trouve, à droite, le chemin conduisant par Ousse à Assat (18 kil. 1/2 d'ici) ; puis, à gauche, au sommet, (9 k. 500) le chemin de Morlàas à Navailles ; puis, à droite, le chemin de Serres-Morlàas. Enfin, l'on arrive (10 kil.) à Morlàas.

Ce bourg fut pendant longtemps la capitale du Béarn. C'est là que les souverains de la vicomté ont fait frapper, depuis le IXe siècle jusqu'à l'établissement de la Monnaie de Pau, les *Morlannes* ou *monnaie de la Hourquie*, du nom de leur château fort dont le souvenir s'est perpétué dans le nom d'un forail.

L'église Sainte-Foy, ou plutôt son portail, est classée parmi les monuments historiques. Elle ne manque pas d'intérêt. Bâtie au XIe siècle par Centulle IV, dans le style romano-byzantin, son architecture a été plus tard profondément modifiée. Sauf le chevet, la nef et la façade, tout est gothique. Au sommet d'une petite flèche, deux sculptures représentent les vaches héraldiques du Béarn. Il y avait une crypte aujourd'hui murée. C'est sur l'autel de Sainte-Foy que fut promulgué le *fors de Morlàas ;* c'est là que les princes, à leur avènement, juraient d'être *fidèles et bons seigneurs à leur peuple* (1).

On doit aux soins, à l'activité et au dévouement de M. le baron Alexandre de Bordenave d'Abère, ancien représentant du canton au conseil général, la plus grande part de la restauration de ce monument.

Il reste encore quelques débris de fortifications.

A la sortie de Morlàas, sur la gauche, on rencontre le chemin d'Astis, (à 13 kil.) qui rejoint la route de Pau à Bordeaux au bas de la côte d'Auriac ; sur la droite, une traverse, allant s'embrancher sur le chemin de Serres-Morlàas à Andoins et Artigueloutan. On peut rentrer à Pau par cet itinéraire (V. R. XXV). On peut encore rentrer par la vallée de l'Ousse et *Idron*. Le trajet, dans ce cas, est, entre Morlàas et Pau, de 14 kilomètres. Il faut alors revenir sur ses pas jusqu'à mi-côte où l'on renconfre, à gauche, l'embranchement d'Assat que l'on suivra jusqu'à *Ousse*. (V. R. XXVIII).

XXIII. — Pau à Lembeye.

Aller et retour : à pied, 12 heures ; en voiture, 7 heures. — Prix : coupé, 20 fr.; mylord, 25 fr.; landau, 30 fr.

Dix kilomètres de Pau à Morlaàs (V. R. XXII). Au sortir de ce bourg, on descend une côte assez raide pour traverser le *Luy de France* et l'on remonte jusqu'à *St Jammes* (13 kil.), village sans intérêt. Là s'embranche, à gauche, la route de Garlin ; à droite la route de Vic-Bigorre. Puis, on franchit la Souye et on gravit une forte côte d'où l'on descend dans la vallée de Gabas à *St Laurent de Bretagne*. Le pays devient alors des plus mouvementés ; on gagne par une succession de montées et de descentes, la vallée de Gros-Lèez, puis, sur l'arête des collines qui séparent cette vallée de celle du Léez, on trouve *Simacourbe* dont l'église romane date du XIIe siièle. L'abbaye est une ancienne maison seigneuriale du XVIe siècle. On descend enfin dans la vallée du Léez pour remonter le plateau ou se trouve *Lembeye* (27 kil.).

L'église de ce bourg, classée parmi les monuments historiques est de style ogival. Elle date du XVe siècle et se compose de trois nefs dont les pillers sont ornés de bas reliefs très variés. On y voit aussi une tour carrée percée à la base d'un passage voûté en pierre; elle paraît avoir fait partie d'anciennes fortifications.

XXIV. — Pau à Morlaàs — Gabaston — Bordes d'Espoey.

Aller et retour : à pied, 12 heures; en voiture, 5 heures. — Prix : mylord, 20 fr.; landau, 30 fr.

De Pau à Morlaàs, comme plus haut (V. R. XXII). Au centre de Morlàas, on pourrait prendre, à droite, une traverse près de l'église, -- ou bien à la sortie de la ville, -- allant rejoindre le chemin de Serres-Morlàas à Andoins, sur lequel s'embranche une traverse neuve allant vers Montaner. C'est une voie encore peu praticable. Il est préférable de suivre la route

MORLAAS . LES COTEAUX DU NORD . NAVAILLES .

Guide de Pau

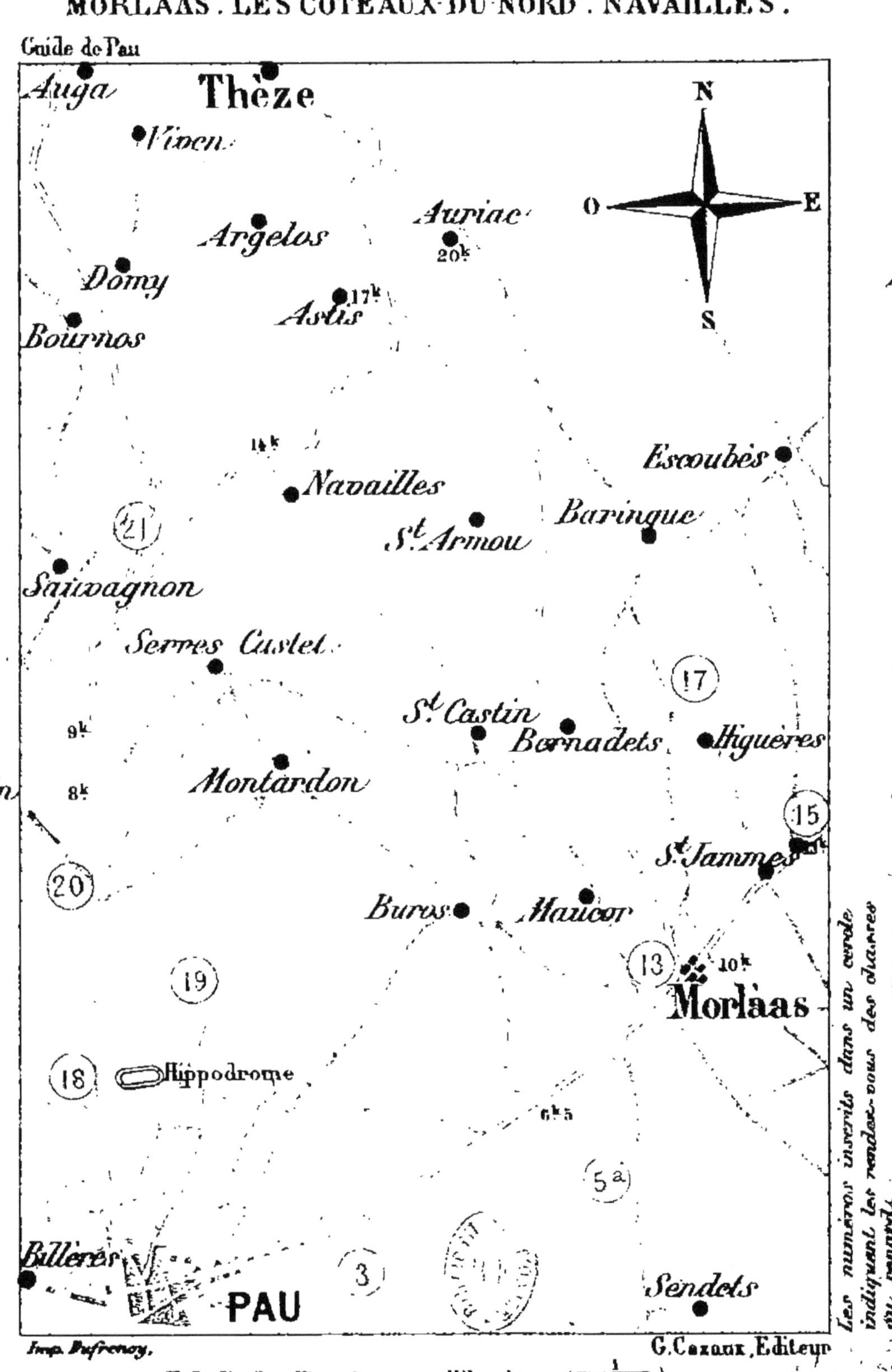

Imp. Dufrenoy. G. Cazaux, Editeur

Echelle de 0m0075 pour 1 Kilomètre ($\frac{1}{160.000}$)

de Lembeye jusqu'à *St Jammes* (13 kil.), et prendre, à droite, la route de Vic-Bigorre (27 kil. d'ici). Au hameau de *Gabaston*, vrai pays perdu (15 kil. 200), on laisse à gauche un chemin allant vers St Laurent de Bretagne, à droite une traverse assez mauvaise allant s'embrancher sur celle que nous venons de mentionner plus haut. On gravit une côte assez raide et (17 kil. — 6 kil. de Morlaàs), on quitte la route de Vic par le chemin de Gabaston à Bédeille, et celui-ci (7 kil. 600 de Morlaàs) pour la route de Garlin à Soumoulou. A deux kilomètres environ de cet embranchement, on traverse *Sedzère*, et, peu à près, on rencontre (9 kil. de Morlàas) la bifurcation de la route de Morlàas à Montaner à laquelle, à 150 mètres au sud, aboutit un chemin charretier de Pau à Vic-Bigorre. De ce point, on aperçoit, dans la vallée à deux kilomètres environ *Espéchède* et, à cinq kilomètres trois quarts *Ouillon*. On est à une altitude assez élevée et en pleine lande.

On continue dans la direction du sud; à trois kilomètres et demi de Sedzère on traverse *Arrien* où aboutit du nord un chemin venant d'Anoye; puis on laisse au nord, *Eslouranties-Dabant* (1500 mètres d'Arrien), et l'on traverse (2 kil. 500 d'Arrien) *Eslouranties-Darré*. Un peu plus bas, s'embranche une traverse se dirigeant vers Ouillon et Andoins. On traverse ensuite *Limendous* où l'on rencontre un autre chemin venant encore d'Andoins; enfin, par une descente assez rapide de 1500 mètres à travers les coteaux, on atteint *Bordes-d'Espoey*

(16 kil. de Pau) sur la route de Pau à Tarbes (V. R. XXI).

Cette course est un peu longue et demande beaucoup d'attention, au milieu du dédale de routes et chemins de toute sorte où l'on se trouve, mais elle est très intéressante — c'est l'une des régions préférées de la chasse au renard — et les points de vue y sont très beaux.

XXVI. — Pau — Morlàas — Andoins.

Aller et retour : à pied 7 heures ; en voiture 3 heures. Prix : mylord, 15 fr.; landau 20 fr.

De Pau à Morlàas (V. R. XXII). Avant d'entrer à Morlàas (9 k. 660) on prend, à droite, le chemin de Serres-Morlàas. Ce village est, de ce côté, le point culminant des coteaux qui aboutissent au nord de Pau à Serres-Castets. La vue de Serres-Morlàas est très belle quoique moins étendue que de l'autre côté. On descend ensuite dans la direction de l'est jusqu'à Ouillon, et, en infléchissant un peu à l'est, on gagne à peu de distance *Andoins,* le pays de la belle Corisande.

D'Andoins un chemin neuf, se dirige par les hauteurs vers Soumoulou par Bordes-d'Espouey. Pour revenir à Pau, on descend dans la direction du sud et l'on rejoint la route de Tarbes (V. R. XXI).

XXVII. — Pau et les coteaux du Nord.

Aller et retour : à pied 8 heures 30, en voiture 5 heures. Prix : mylord 25 fr. — Cette course, au moins dans une bonne partie, n'est praticable que pour les voitures légères.

Prendre la route de Morlàas (V. R. XXII) jusqu'au sommet de la côte. On laisse Morlàas à droite (1 kil.), et l'on suit durant quelques minutes le chemin de Morlàas à Lançon. Dans cette direction, on aperçoit, vers le nord-est, Maucor (1 kil. 400), St-Castin, — 4 k. 700 — et Navailles — 9 k. 800 —. A l'embranchement du chemin de Buros, on prend ce dernier chemin à gauche, qui suit presque constamment le faîte des coteaux dans la direction d'abord de l'ouest, puis du nord. On domine ainsi, pendant plus de deux kilomètres, toute la plaine où Pau se trouve assis, au milieu d'un véritable cirque de collines. Là seulement on se rend véritablement compte de la topographie du pays cher à tant d'hivernants.

Vers deux kilomètres et demi environ, on trouve à droite un mauvais chemin allant à Maucor. En cet endroit, avec l'église de Buros en face, on descend une forte côte que l'on remonte ensuite non moins rapidement, laissant à gauche un chemin qui, vers le sud-ouest, va rejoindre la route de Pau à Morlas vis-à-vis les propriétés Ranguedat et Jacob. A Buros, près de l'église, il faut tourner en laissant à gauche le chemin de Pau à Escoubès (voir promenades : chemins du Loup etc.). Là, trois chemins se présentent : celui de gauche descend vers Pau, dans la direction de l'Hippodrome ; celui du milieu va vers Montardon et Serres-Castets ; le troisième, dans la direction de Navailles. De ce point, vers Serres-Castets, on court à travers les champs, puis à travers les bois, mais surtout à travers des ornières. On en sera dédommagé tout-à-l'heure. Successivement, à quelques centaines de mètres de distance, on coupe deux voies dans la direction du sud-ouest au nord-est, allant chacune à Montardon qui se voit à droite sur un petit mamelon : la première part du Petit Boulevard et du chemin de Loup, la seconde part de la route de Bordeaux, mais au-dessus de l'Hippodrome. Le chemin descend assez rapidement à travers les cultures et aboutit sons bois, près d'une ferme isolée. Enfin, on est au pied de cette chaîne de coteaux qui limite au nord les landes du Pont-Long. Après avoir dépassé la métairie on monte au nord. Ici, l'on ne plus roule dans les champs labourés et les bruyères incultes, on monte, on grimpe une véritable échelle de rocaille, de plus de cent mètres de haut. On est à *Serres-Castets*.

Mais là, quelles splendeur ! De Luchon au pays basque toutes les Pyrénées s'étalent aux yeux éblouis. L'un des plus grands connaisseurs et des plus vigoureux amants de ces montagnes, le comte Henri Russell estime avec raison que les terrasses de Serres-Castets offrent la plus belle vue des environs de Pau. De ce promontoire, tous les accidents de terrain disparaissent ; les coteaux de Gélos et de Jurançon ressemblent à des taupinières ; seuls, sur une

NAY. LES VALLÉES DE L'OUSSE ET DU GAVE.

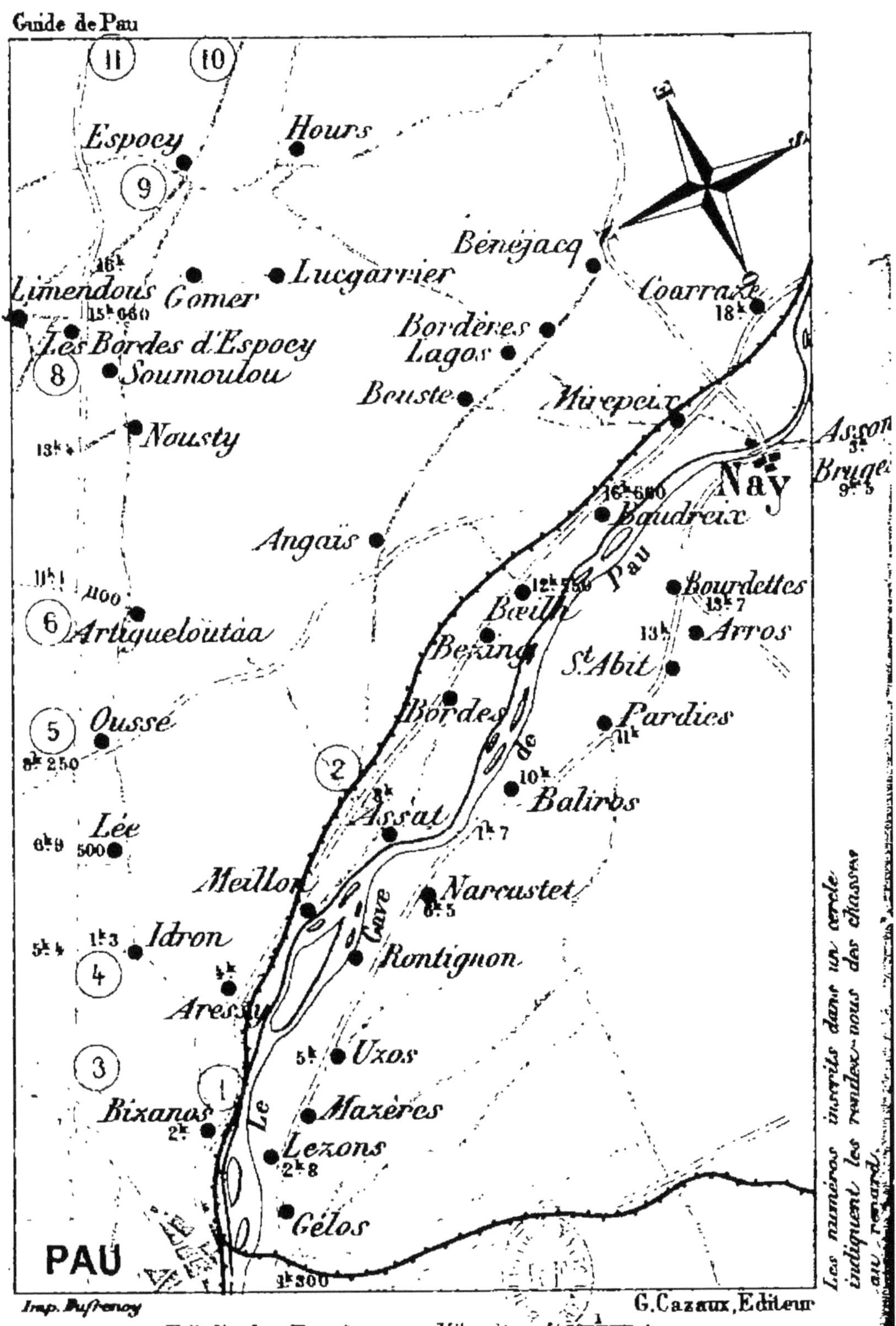

Echelle de 0m0075 pour 1 Kilomètre (1/160 000)

ligne immense, les monts géants s'élancent de l'horizon.

Avant d'arriver à l'église de Serres-Castets, un chemin à droite, conduit à Morlàas, un autre chemin à gauche, descend vers Sauvagnon et vers Pau. Cette descente n'est, d'ailleurs, pas moins difficile que la montée. Enfin, on débouche sur la route de Bordeaux — à 9 kil. de Pau. — V. R. XXVII. —

Au sommet de Serres-Castets, près de la croix où l'on prend le chemin de Sauvagnon, un autre chemin à gauche rejoint aussi — 4 k. 400 – la route de Bordeaux. Mais ce chemin-là laisse encore plus à désirer que tous les autres. On peut néanmoins en essayer, après s'être préalablement informé de son état. C'est, du reste, une précaution qu'il convient de prendre pour tous les chemins qui ne se trouvent ici ni indiqués, ni recommandés.

XXVII. — Pau à Navailles-Thèze.

Aller et retour : à pied, 11 heures ; en voiture, 5 heures. — Prix : mylord 20 fr.; landau, 25 fr.

De Pau, on prend la route de Bordeaux — voir promenades. — Après avoir dépassé la propriété de la vallée d'Ossau, on laisse à droite un chemin carrossable allant à Montardon et, un peu plus haut, le chemin de Serres-Castets ; à gauche, la route d'Uzein et de Momas. On atteint — 9 kil. — le pied des coteaux. Les cultures reparaissent. La route — 10 kil. — tourne à droite et franchit un torrent. En face parait la longue côte de Sauvagnon. On laisse à gauche — 12 kil. — un chemin conduisant à Arzacq à vingt-sept kilomètres de là. A droite, on monte à Serres-Castets, si l'on veut admirer la plus belle vue des environs de Pau sur les Pyrénées, et, au besoin, revenir par Morlàas. (V. R. XXVI)

A mi-côte de Sauvagnon, sur la droite, deux briquetteries assez primitives. Enfin — 14 kil. — on atteint Navailles. Le bureau de poste est au bord de la route. Il y a une bonne auberge à l'avant-dernière maison, à gauche. Sur la droite, assez loin, apparaît dans un gros massif de bois le château du vicomte de Gontaut-Biron, l'ancien ambassadeur de France à Berlin. On descend alors une côte très longue et très rapide, pour en remonter immédiatement une seconde aussi raide, mais plus courte, et l'on traverse — 17 kil. — *Astis*. Le gros du village est à droite sur le coteau, à trois cents mètres environ. Descendre encore une côte très rapide, laisser à droite — 18 kil. — un assez bon chemin allant à Morlàas, et, à *Auriac* — 20 kil. — prendre, sur la gauche, la belle avenue bordée de peupliers, longue de trois kilomètres, qui conduit à Thèze.

Si l'on veut revenir à Pau par Morlàas, revenir au 18e kilomètre et prendre le chemin indiqué plus haut. Morlàas est à 13 kilomètres de là. — V. R. XXII — La course est de 53 kilomètres ; si l'on revient à Pau par Morlàas, la course est de 60 kilomètres.

XXVIII. — La vallée de l'Ousse.

Aller et retour : à pied, 6 heures ; en voiture, 4 heures. — Prix : mylord, 15 fr.; landau, 20 fr.

On sort de Pau par la côte du Lycée ; on traverse la plus grande partie du village de Bizanos et, après avoir dépassé la nouvelle église, on arrive au pied d'une petite côte, en face du passage à niveau du chemin de fer ; là on quitte la route de Pau à Lourdes pour prendre, à gauche, le chemin de Bizanos à Soumoulou, où il aboutit après quinze kilomètres, et l'on continue dans la direction générale de l'Est. Près d'une croix, l'on pourrait prendre, à droite, un chemin qui conduirait aussi à Idron ; mais ce chemin n'est pas très bon. A *Idron*, on laisse à gauche une traverse qui, passant devant l'église et devant un petit château, conduit par une pente assez raide — 1,300 mètres — à la route de Tarbes. Il faut, au contraire, tournant à gauche, aller un instant dans la direction du sud, puis reprendre la direction première vers l'est. Le chemin, durant quelques centaines de mètres est à découvert. C'est la seule partie de cette excursion où il en est ainsi. Sur tout le reste du parcours, au contraire, on est toujours abrité du vent au milieu de haies touffues et de bouquets d'arbres, le chemin suivant, d'ailleurs, le fond de la vallée que bornent à gauche les hauteurs où se trouve la route de Tarbes, à droite, les coteaux qui séparent la vallée de l'Ousse de la vallée du Gave. Avant d'arriver à *Lée*, on traverse un bras de la petite rivière dont le chemin suit, pendant quelques instants le cours, à droite, jusqu'après le moulin de Lée. Avant d'arriver au moulin, on trouve, à gauche, l'embranchement qui — 800 mètres — rejoint la route de Tarbes.

Suivant la même direction, quelquefois en côtoyant la petite rivière, mais toujours au milieu d'arbres et de haies touffues, on arrive à *Ousse* sur la place de l'église. Montant à gauche, on atteindrait la route de Tarbes à 600 mètres. Cette traverse fait partie du chemin de Morlàas à Nay, que l'on suivrait en tournant à droite. Mais, longeant l'église on doit continuer vers l'Est. A peu de distance, avant d'atteindre Artigueloutan, la route bifurque à gauche et à droite et, tournant le village, se réunit à l'extrémité opposée. En prenant à gauche on rencontre la traverse qui, allant vers Andoins, rejoint la route de Tarbes — 1100 mètres — ; en prenant à droite, on trouve immédiatement un chemin conduisant à Assat, et coupant, au sommet du coteau, la route de Morlàas à Nay par Ousse et Angaïs. Presque au sortir d'Artigueloutan, les amateurs de pêche à la ligne trouveraient près d'un pont l'endroit où, dans l'Ousse, on prend les meilleurs goujons du pays. Aussi, ce coin est-il très fréquenté le dimanche.

Après Artigueloutan, le premier village que l'on rencontre est *Nousty*. Avant d'y entrer, près d'une croix, un chemin va au S. O. vers Angaïs : il n'est point praticable aux voitures. Un peu plus loin, à l'entrée de Nousty, un autre chemin à droite va vers Beuste ; très beau d'abord il devient très mauvais : ne pas s'y aventurer. Au milieu du village la route tourne à droite vers Soumoulou ; à gauche, à 200 mètres environ, on rejoindrait la route de Tarbes. Le chemin est complètement à découvert. On arrive bientôt — 5 k. 500 d'Artigueloutan — à *Soumoulou*, près de l'église. Là, en tournant à droite, chemin du même côté allant à Gomer — 2 k. 800, — et Livron, sur la route de Pontacq. — 8 k. 100 —, La route de Bordes-d'Espoey continue sur la gauche. On rencontre successivement un premier embranchement à gauche, vers la route de Tarbes ; puis, à la croix du village de *Soumoulou*, une bifurcation qui rejoint la route un peu plus haut ; à droite, près d'une croix, un chemin d'exploitation. On passe ensuite près d'un espace complanté de chênes ; en prenant la route à gauche on irait rejoindre la grande place du marché de Bordes, plus connu, dans toute la contrée, sous le nom de marché de Soumoulou. On laisse, ensuite à gauche une croix près d'une grange couverte en ardoises, et. à gauche, un chemin allant à Gomer et, par-dessus les coteaux, à Lucq dans la plaine de Nay, enfin l'on rejoint bientôt la route de Pontacq. Là, on tourne à gauche, et l'on arrive — 1 k. 500 environ — à *Bordes-d'Espoey*. — V. R. XXI. — De ce point, Pontacq, dans la direction du sud-Est, est à dix kil., et, sur cette route, — 2 k. 1/4 — se trouve Espoey.

XXIX. — Pau — Assat — Ousse — Morlàas.

Pau — Baudreix — Artigueloutan — Morlàas.

Premier itinéraire. — Aller et retour : A pied 8 heures ; en voiture 4 heures 30 m.. — Prix : Mylord 20 fr.; landau, 30 fr.

Deuxième itinéraire. — Aller et retour : à pied, 11 heures ; en voiture, 5 heures. — Prix : Mylord, 20 fr.; landau, 30 fr.

Deux routes principales font communiquer les deux vallées du Gave et de l'Ousse. Elles partent d'Assat, et de Baudreix près de Nay, et aboutissent l'une et l'autre à Morlàas.

De Pau à Assat — V. R. XVI — au milieu de la traversée du village, on prend à gauche ; le chemin qui mène à la station du chemin de fer et presque immédiatement, on traverse la voie ferrée. On quitte bientôt la plaine pour monter à travers les coteaux, au milieu de bois de chênes et d'immenses châtaigneraies. Les pentes sont assez raides, mais la route est très agréable. Le coteau franchi on trouve — 3 kil. — le chemin venant de Baudreix, et, cinquante mètres plus loin, au sommet du coteau, on laisse à droite le chemin d'Andoins par Artigueloutan. Le chemin descend à travers bois, champs et prairies et on arrive ainsi à *Ousse*, près de l'église. Pour atteindre Morlàas — 6 k. 600, — il faut monter d'Ousse — 600m — à la route de Tarbes. On est alors de Nay à treize kilomètres et demi. A gauche de la route de Tarbes, on continue dans la direction du nord et l'on rejoint après une montée rapide, à moitié de la côte de Morlàas, la route de Morlàas à Pau.

De Pau à Nay — V. R. XVII. — A Baudreix, — 14 k. 500 — on prend à gauche, dans la direction du nord-ouest. Après avoir traversé *Angaïs*, on rejoint sur le revers du coteau le chemin d'Assat à Ousse que l'on quitte presque aussitôt pour prendre à droite vers Artigueloutan. Au sommet de ce coteau, l'on voit les vestiges d'une sorte de camp retranché que les gens du pays appellent *Mondaüt*. Quelques savants voient là les restes d'un camp romain ; il est plus probable que c'était tout simplement une motte féodale et le dernier souvenir de quelque château-fort.

La route descend assez rapidement sur le versant nord du coteau et après avoir franchi l'Ousse longe le côté Ouest du village d'*Artigueloutan*, qu'on laisse un peu a l'Est ; on monte — 1100m. — à la route de Tarbes, dans la direction du nord et l'on prend, de l'autre côté de la route, droit en face, un chemin conduisant — 3 kil. environ — à *Andoins*, fréquemment indiqué comme rendez-vous des chasses au renard. D'Andoins, on peut atteindre Morlàas, en prenant à droite, après avoir dépassé *Ouillon* le chemin qui aboutit à la sortie, ou près de l'église, de Morlàas — V. R. XXI — ; ou bien encore monter, sur la gauche, à *Serres-Morlàas* et rejoindre — 9 k. 600 de Pau — la route de Morlàas à Pau.

EXCURSIONS

IIe PARTIE

XXX. — Louvie-Juzon.

Aller et retour : à pied, 10 heures ; en voiture, 5 heures et demie. — Prix : coupé, 20 fr.; mylord, 25 fr.; landau, 30 fr. — Voie ferrée.

De Pau à Sévignac — 25 kil. V. R. VII - Du coteau de Sévignac, près d'un fort joli château moderne, on découvre une vaste étendue sur les premiers plans des Pyrénées, et, au milieu de la vallée baignée par le Gave d'Oloron, le bourg d'*Arudy* et celui d'*Izeste ;* puis, à l'entrée même de la vallée d'Ossau, le bourg de *Louvie-Juzon*. La route descend alors une longue rampe de cinq kilomètres, toujours égayée par le même panorama au-dessus duquel paraissent à l'horizon les deux pointes du pic d'Ossau ; elle traverse — 22 kil. — *Meyrac,* et atteint le bord du gave d'Ossau, au pied du rocher de *Sainte-Colomme* qui porte le village du même nom, orné d'un vieux donjon et d'une église gothique. *Louvie-Juzon* — 26 kil. — possède une église du XVe siècle avec un clocher plus ancien ; on y voit quelques maisons du XVIe et du XVIIe siècle. Ayant franchi le gave, on trouve, sur la rive gauche, à la jonction des routes de Pau et d'Oloron, l'*hôtel des Pyrénées* qui est généralement le but des excursionnistes. On y déjeune et l'on rentre à Pau pour dîner.

XXXI. — Oloron.

Par Belair, aller et retour : à pied, 13 heures ; en voiture, 7 heures. — Prix : calèche et mylord, 20 fr.; coupé, 20 fr.; landau, 30 fr. — Voie ferrée.

De Pau par Belair, — 18 kil. -- V. R. IX -- De Belair on descend dans la vallée de l'Escou, que l'on traverse près de sources minérales abandonnées. A gauche, près du village d'*Herrère*, on laisse la route d'Oloron aux Eaux-Bonnes (1) puis on franchit l'Arrigaston. La vue sur les Pyrénées et les vallées est toujours fort belle. A droite on aperçoit *Escou*, et, plus loin, *Escout*, dont le château appartint à la belle Corisande. Sur une colline, à un endroit nommé *Peyrecor*, on voit un dolmen. La route domine ensuite le gave d'Ossau, profondément encaissé jusqu'à *Oloron* — 33 kil. —

L'origine de cette cité, l'une des plus anciennes du Béarn, se perd dans la nuit des temps. Elle est bâtie sur la crête et le versant d'une colline, au confluent des gaves d'Aspe et d'Ossau, qui la divisent en deux parties. C'était autrefois le

(1) D'ici à Eaux-Bonnes 30 kil.; à Louvie 11 kil. 750 ; à Pau 2- kil. 750 ; à Oloron 6 kil. 250.

siége d'un évêché. Il n'y a à visiter que l'église *Sainte-Croix*, édifice du style roman qui date du XIe siècle, et la cathédrale *Sainte-Marie*, bâtie, dans le style romano-ogival, aux XIIe et XIIIe siècles, mais dans laquelle les XIVe et XVe siècles ont aussi laissé leurs traces.

Le chemin de fer de Pau à Oloron se détache de la ligne principale de Bayonne à Toulouse, à la sortie même de la gare de Pau, et traverse le gave sur un pont métalique. Il passe ensuite entre les coteaux de Jurançon et de Gélos, traverse le Néez, passe à droite près de Gan, franchit plusieurs ravins sur des viaducs, puis pénètre par un tunnel de 500 m. près de Belair, dans la vallée du gave d'Oloron. La gare d'Oloron se trouve à peu près au centre du demi-cercle formé par Oloron et Sainte-Marie, qu'un beau pont sur le gave réunit à la voie ferrée. Les principales stations sont : Gan, Buzy, Ogeu, Escou et Escout. De Buzy part l'embranchement de Laruns.

XXXII. — Saint-Christau.

Aller par Oloron, retour par Louvie-Juzon, environ deux journées. — Prix : mylord, 50 fr.; landau, 60 fr.

De Pau à Oloron. — 33 k. — V. R. XXX — A Oloron on prend la route établie sur la rive gauche du gave d'Aspe jusqu'à *Bidos* — 2 k. — où l'on traverse le torrent dont on longe ensuite la rive droite ; on contourne un petit promontoire et on laisse à gauche le château à tourelles et la belle propriété *Bouderon* ; on passe près des forges importantes de *Soeix* — 4 kil. —. Plus loin, la route franchit l'Oustou et laisse à gauche — 7 kil. — *Eyssus,* dont le château a été bâti par Gaston X de Béarn. Là, il faut prendre l'embranchement qui s'éloigne, et l'on arrive — 8 kil. — à *Saint-Christau.*

Cette station thermale est située presque à l'entrée de la vallée d'Aspe, dans un vallon de prairies arrosé par l'Oustou et dominé par les escarpements du mont Binet, d'une ascension très facile. Du sommet (1,226 mètres) on découvre un très beau panorama. Au milieu de platanes, d'ormeaux, de pelouses, avec un petit lac, l'élégante station est un frais et charmant séjour. Outre les malades, les pêcheurs et les chasseurs y abondent pendant l'été.

On sort de Saint-Christau en longeant d'abord la base du mont Binet, on franchit l'Oustou et on remonte la vallée par le versant nord, au pied de collines couvertes de fougères. La route traverse ensuite le bois du Baget, gravit une colline de 400 mètres environ, et redescend dans la vallée du gave d'Ossau. Le coup d'œil est charmant sur cette vallée et sur le délicieux vallon de l'Arrigaston. On sort ensuite, des bois pour entrer dans les cultures ; on longe le cours du gave sur des escarpements d'une assez grande hauteur. Le site alors est des plus pittoresques : le gave s'y est comme taillé une tranchée profonde de plusieurs kilomètres de longueur, au fond de laquelle il mugit. On pénètre ensuite dans le gracieux bassin où se trouve le bourg très ancien, mais fort peu curieux d'Arudy. On y voit cependant les débris d'une tour, une ancienne maison fortifiée et plusieurs maisons style Renaissance. Peu après, à droite, sur le flanc de la montagne, on aperçoit l'entrée de la *grotte d'Izeste*, appelée aussi *grotte d'Arudy*, *grotte de Louvie* et *grotte d'Espalungue*. Elle est très fréquemment visitée, et cette excursion n'occasionne aucun retard ; mais pour y pénétrer, il faut s'adresser à un guide qui prélève un droit sur les visiteurs.

D'après la tradition, au temps des guerres maures, un grand nombre de Sarrasins se réfugièrent dans cette grotte, s'y retranchèrent et n'en sortirent qu'après avoir traité avec leurs ennemis. Des fouilles intéressantes y ont été faites naguère par un savant archéologue, M. Piette. Au delà de la grotte, on passe à *Izeste*, petit bourg où naquit, en 1722, le célèbre médecin Bordeu ; on entre ensuite dans une sorte de défilé, puis on rejoint à une petite distance la route de Pau aux Eaux-Bonnes, à Louvie-Juzon (V. R. XXX).

XXXIII. — Les Eaux-Bonnes
Les Eaux-Chaudes. — Le Pic du Midi

Eaux-Bonnes, aller : à pied, 10 heures ; en voiture, 5 heures. — Prix : mylord et coupé, 40 fr.; landau, 50 fr. — On revient dans la journée.

Eaux-Chaudes, même temps, mêmes prix. Pour aller à Gabas, 10 ou 12 fr. en plus. Il est préférable, si l'on reste plusieurs jours en excursion, de louer la voiture à la journée : un coupé, 20 fr.; une calèche ou mylord, 25 fr.; un landau, 30 fr. — Voie ferrée jusqu'à Laruns,

De Pau à Louvie-Juzon (26 kil. V. R. XXX). En sortant de Louvie-Juzon, la route thermale entre dans la vallée d'Ossau proprement dite, qui s'étend sur une longueur de 16 kil. entre deux chainons des Pyrénées, jadis couverts de forêts, aujourd'hui presque entièrement dépouillés. Peu après Louvie (1 kil.) on laisse à gauche *Castet*, village dominé par un château-fort en ruines, perché sur un mamelon détaché dont la position commandait autrefois la vallée ; il est séparé par un ravin d'un autre mamelon où se trouve l'église du village. Le vicomte héréditaire d'Ossau résidait à Castet, et il ne le pouvait quitter que pour aller en guerre. Plus loin, au milieu d'une espèce de cirque cultivé, on voit *Bilhères*, village pittoresque ; au-dessus monte, jusqu'au col de Marie-Blanque, la riante vallée de Rieutort. Dans la montagne se trouvent des gisements de cuivre. On traverse ensuite *Bielle*, très ancien bourg où se réunissaient autrefois les députés de la vallée, — les autorités municipales des divers villages s'y assemblent encore dans les grandes occasions ;

on y voit le fameux coffre à trois clefs et trois serrures qui contient les archives ou *trésor d'Ossau*; trois maires en ont la garde. L'église, classée parmi les monuments historiques, est de style gothique. On y voit aussi les restes d'une abbaye, des maisons du XVe et du XVIe siècle, et enfin de curieuses mosaïques découvertes en 1842. D'après les archéologues elles datent du IIe ou du IIIe siècle, et ont dû faire partie d'un établissement de bains.

A gauche, de l'autre côté du gave, on aperçoit bientôt *Béon*, au-dessus duquel se dressent les superbes rochers de *Pène de Béon* (1,368 mètres); puis on traverse *Belesten* (32 kil.), village sans intérêt formant une petite commune avec *Gère* qu'on aperçoit à droite, très coquettement situé sur le flanc de la montagne, et dominé par un vieux castel encore habité. Peu après avoir dépassé Belesten, on trouve à gauche un bois de hêtres auquel, dans cette vallée peu ombragée, on a donné le nom d'*oasis*; c'est un lieu bien connu comme rendez-vous de tous ceux qui passent la saison aux Eaux-Bonnes ou aux Eaux-Chaudes. Presque à côté, mais sur l'autre rive du gave, le village d'*Aste*, au débouché du riant vallon de Lamay; en face, près de la route, le hameau de *Montplaisir* d'où l'on commence à découvrir le pic de Ger. Là se trouve l'hippodrome d'Eaux-Bonnes.

Plus loin encore sur l'autre rive, on découvre *Louvie-Souviron*. De ses carrières aujourd'hui abandonnées, on tirait naguère des marbres qui rivalisaient avec ceux de Carrare et de la

Grèce ; de là sont sorties les statues de la place de la Concorde, celles qui décorent extérieurement la Madeleine, le Caïn d'Etex, le Cincinnatus de Foyatier et d'autres encore. Enfin on traverse *Laruns*, gros bourg de plus de deux mille habitants, disposé en forme de croix grecque entre le gave et le pied même de la montagne. Le dimanche surtout, on aperçoit à Laruns tous les costumes de la vallée. Les Ossaloises portent le capulet de drap écarlate doublé de soie et bordé de velours noir ; un petit bonnet rond couvre la tête, laissant tomber les cheveux en longues tresses ; le corset noir est revêtu sur le devant de soie ou de velours cramoisi ; les jupes de laine noire descendent en plis symétriques, laissant à découvert le bas de la jambe et des bas blancs sans pieds qui s'évasent en guêtres au-dessus du soulier. Avec l'âge, le costume devient plus sévère, et les couleurs voyantes deviennent sombres. C'est à Laruns aussi qu'on se livre le dimanche, sur la place, à la danse et aux jeux traditionnels.

Au sortir de Laruns, on traverse sur un pont de marbre le large lit de l'Arrieuze, presque toujours à sec, mais devenant parfois un torrent terrible ; on laisse à droite l'ancienne route des Eaux-Chaudes à travers les rochers du Hourat ; on franchit le gave d'Ossau et on atteint, à un kilomètre, la bifurcation qui conduit à droite aux Eaux-Chaudes et à gauche aux Eaux-Bonnes. Celle-ci, longue de quatre kilomètres, contourne par des lacets le flanc de la montagne ; elle a dû être en maint endroit taillée dans le roc vif. On y jouit d'une très belle vue sur toute la vallée d'Ossau. Puis on entre dans le petit vallon parcouru à une assez grande profondeur par le torrent du Valentin. En face et à un brusque détour, on atteint (44 kil.) les *Eaux-Bonnes* dominées par le pic de Ger.

Même l hiver, quelques-uns des grands hôtels d'Eaux-Bonnes restent ouverts.

La route qui conduit de la bifurcation aux Eaux Chaudes a aussi quatre kilomètres. Elle est taillée dans le roc vif au milieu d'une gorge resserrée, et suit sans cesse le torrent d'Ossau, qui mugit à soixante mètres environ au-dessous. Les montagnes au-dessus sont très élevées. Cette gorge est l'un des plus remarquables sites des Pyrénées. Il y a un chemin d'Eaux-Bonnes à Eaux-Chaudes par la montagne, mais il n'est praticable qu'à pied ou à cheval. La distance par la route ordinaire est de huit kilomètres entre les deux stations.

L'excursion des Eaux-Chaudes est très curieuse l'hiver, et l'on y trouve des hôtels confortablement aménagnés. Les promenades de cette station sont très praticables dans les beaux jours. La route de voitures mène à *Gabas* (8 kil.). Rien de plus pittoresque. On est en pleine montagne : d'immenses forêts aux sapins gigantesques, des rochers bouleversés, des cascades et des torrents, et dans le ciel des pics élevés. On peut, en une heure de Gabas, monter à pied au plateau de *Bious-Artigues*, site merveilleux au pied même du pic du midi d'Ossau. L'ascension de ce pic, facile en été, est impossible l'hiver. La course de Pau aux Eaux-Bonnes, Eaux-Chaudes, Gabas et Bious-Artigues, demande deux journées. On pourrait la faire en une journée en prenant le chemin de fer de Pau à Laruns, à l'aller et au retour, si l'organisation du service des trains permettait de partir de Pau à 7 h. du matin pour rentrer à 7 ou 8 heures du soir.

XXXIV. — De Pau à Orthez.

Aller : à pied, 8 heures ; en voiture, 4 heures. — Prix : mylord, 20 fr.; landau, 25 fr.. — Voie ferrée.

De Pau à Artix, (20 kil), V. R. XIII). La route se poursuit toujours droit à l'ouest à travers le plus ravissant paysage; on gravit une petite côte et on rencontre, sur le penchant du coteau, *Lacq*, dont l'origine remonte au delà du Xe siècle. Son château est entouré de beaux ombrages. Ensuite, c'est *Mont*, avec une belle résidence. Au sud, sur une colline très escarpée, on aperçoit le gros bourg de *Lagor*. La plaine continue à être parsemée de villages : *Arance*, *Landresse*, *Gouze*, , *Argagnon* avec un beau château moderne. La route fait un coude au nord en traversant ce village, puis reprend sa direction droite vers l'ouest, dominant le gave qui, bordé d'oseraies, produit un très curieux effet. Sur une hauteur, à droite, on trouve *Castetis* qui doit son nom à une éminence fortifiée où l'on a trouvé des poteries romaines.

Aux environs, un certain nombre de belles et élégantes habitations. Enfin on atteint (40 kil.) Orthez qui fut, avant Pau, la capitale du Béarn.

Orthez.

Le *vieux pont*, naguère en ruines, aujourd'hui restauré, est formé de quatre arches ogivales, inégales, appuyées sur les rochers qui encaissent le gave. Au milieu s'élève une tour de défense dont l'étage supérieur n'est percé que de deux meurtrières à arbalète, l'une du côté de la ville, l'autre du côté de l'ennemi. Par une ouverture ménagée à l'angle sud-ouest, les calvinistes, lors de la prise d'Orthez, forcèrent les prêtres à se précipiter dans le gave ; on l'appelle la fenêtre des prêtres, *frinestro dous caperas*. L'église, dont la flèche est moderne, a été construite au XVe siècle sur des murs du XIIe. L'ancienne tour, détruite, faisait partie des fortifications qui subsistent encore presque partout. Orthez possédait un magnifique château que Gaston VII avait construit au XIIIe siècle. Il n'en reste plus que la *tour de Moncade* qui s'élève sur un plateau entouré de ravins profonds, et accessible seulement du côté de l'est ; elle a trois étages couronnés de machicoulis. Orthez a des points de vue magnifiques sur les Pyrénées, soit que l'on gravisse au sud du gave des collines couvertes d'ajoncs, soit que l'on monte au nord par la route de Dax. « De l'ancien champ de bataille, le spectacle des montagnes, de la Rhune au pic de Montaigu, est d'une admirable beauté. »

XXXV. — De Pau à Lourdes

Aller et retour : à pied, 16 heures ; en voiture, 9 heures. — Prix : coupé, 25 fr.; mylord, 25 fr.; landau, 30 fr. — Voie ferrée.

De Pau à Betharram, — 24 kil — (V. R. XX). on traverse le gave sur le pont si pittoresque et si renommée de Bétharram ; la route longe ensuite la rive droite du gave, presque toujours torrentueux, mugissant sur des stratifications, et souvent assez encaissé. Partout, à droite et à gauche, des collines boisées. On traverse (28 kil.) *Saint-Pé*, bâti d'une façon très pitoresque sur une terrasse. De l'église, jadis l'une des plus belles du Béarn, il ne reste que les trois absides, et du cloître célèbre des bénédictins, que quelques colonnes. Parmi les bas-reliefs qui existent encore, le plus remarqué, dit M. Cénac Moncaut, est celui qui représente l'apparition de l'ange aux bergers. Sur le haut de la montagne; deux bergers, plus rappochés de l'ange ont déjà reçu la bonne nouvelle, et réveillent un de leurs camarades ; mais celui-ci montre peu d'empressement et semble répondre par ce verset du *Noël* patois :

Lechem droumi
Noun bengues troubla la cerbello
Lechem droumi

Tiro d'abans toun cami,
N'ey pas besoun de sentinello,
N'ey que ha de la noubello,
Lechem droumi.

Laisse-moi dormir
Ne viens pas me troubler la cervelle,
Laisse-moi dormir.
Tire de devant par ton chemin,
Je n'ai pas besoin de sentinelle,
Je n'ai que faire de ta nouvelle,
Laisse-moi dormir.

Sur la colline, au nord, se fait la curieuse *chasse aux palombes*. Plus loin (32 kil.) on trouve *Peyrouse*, en face du *Soum d'Exh* (914 mètres) que couvre le bois de Subercarrère. On côtoie ensuite le coteau au sommet duquel se trouve, à gauche, le lac de Lourdes ; puis, enfin, on aperçoit, sur la rive gauche du gave, la grande église de la grotte et la grotte du miracle, où brûlent continuellement, en l'honneur de la Vierge, les cierges des pèlerins. (39 kil.).

Lourdes.

Calèches pour la Grotte (2 kil.) dans la cour de la gare. — Omnibus ; prix variables.

Lourdes est bâtie sur la rive droite du gave, à l'intersection de deux vallées. Au sud-ouest, elle est dominée par un rocher, fort escarpé, sur lequel se dresse l'ancien château de Lourdes, forteresse jadis réputée imprenable, et qui soutint en effet, plusieurs siéges avec succès. De ses tou.s et de ses terrasses (on peut le visiter), la vue est très belle, au nord sur les collines qui enceignent les plaines de Bigorre, au sud, sur la vallée d'Argelès et les montagnes. L'origine de Lourdes est très reculée. La ville existait dit-on, du temps des Romains. Elle a été très mêlée à l'histoire du Béarn et de la Bigorre. L'église date, pour le chœur, du XIe et du XIVe siècle ; pour la nef, du XIVe et du XVe. Partout, autour de Lourdes il y a de charmantes promenades, surtout au bord du gave.

Mais ce qui a rendu Lourdes célèbre d'abord dans les départements du midi, puis dans toute la France, en Europe et dans le monde entier, c'est la grotte de l'apparition, qui attire chaque année des centaines de mille pèlerins. Après quatre années d'enquête, l'évêque de Tarbes a autorisé, par son mandement du 18 janvier 1862, le culte qui s'est depuis universellement répandu. « Nous jugeons, a-t-il dit, que l'immaculée Marie, mère de Dieu, a réellement apparu à Bernadette Soubirous, le 11 février 1858 et jours suivants, au nombre de dix-huit fois, dans la grotte de Massabielle, près la ville de Lourdes ; que cette apparition revêt tous les caractères de la vérité, et que les fidèles sont fondés à la croire certaine. »

La grotte est à dix minutes de la ville. Partout, sur le parcours, s'élèvent des constructions nouvelles : maisons, hôtels, couvents, hopitaux, La grotte est une simple excavation peu profonde, ouverte dans l'escarpement calcaire qui longe le gave. Elle est fermée par une grille ; les parois sont tapissées d'ex-voto, dans le fond se voit une statue en marbre blanc de Notre-Dame de Lourdes, œuvre de M. Fabisch ; à gauche, est la fontaine miraculeuse avec cette inscription : *Allez boire à la fontaine et vous y laver. — 17 février 1858*. Un sentier en lacet, bordé de rosiers et d'arbustes, monte, à l'ouest, vers l'église monumentale, style du XIIIe siècle, construite au-dessus de la grotte et qui comprend une église basse et une supérieure. Sur la colline qui domine l'église, doit s'élever un calvaire avec chapelle.

Le 1er et le 2 juillet 1876 ont eu lieu la consécration de la basilique et le couronnement de la statue de la Vierge. Trente-cinq évêques y assistaient, présidés par le cardinal-archevêque de Paris et par le nonce apostolique. La statue couronnée, œuvre du sculpteur Raff, se voit au-dessus du maître autel de la basilique, en avant de laquelle une autre et plus vaste basilique, disposée en rotonde, fut construite de 1885 à 1888. -- on la nomme *Eglise du Rosaire*.

Une vaste et belle église paroissiale reste en construction au centre de la ville. Elle a été commencée sur l'initiative de monseigneur Peyramale, curé de Lourdes et protonotaire apostolique, avec les dons des fidèles de tous les pays. On y voit, séparant les nefs, quatorze colonnes du marbre le plus riche, magnifiques monolithes de 80 centimètres de diamètre, sortis des carrières de Campan.

Le lac de Lourdes, qui se trouve au nord-ouest, près de la route de Pontacq, a quatre kilomètres de circonférence et huit mètres de profondeur. Sur ses rives, au nord, on trouve de très nombreux blocs erratiques et des plantes rares. Au sud de Lourdes, en entrant dans la vallée d'Argelès, on voit le petit étang de Vivier Liou. On trouve des voitures, à des prix modérés, dans la cour de la gare.

XXXVI. — Pierrefitte — Argelès — St-Savin.

De Lourdes à Pierrefitte (19 kil.) : à pied, 4 heures ; en voiture, 2 heures. — Prix : calèche, 10 fr.. — Voie ferrée jusqu'à Argelès et d'Argelès à Pierrefitte.

De Pau à Lourdes, (39 kil. V. R. XXXV) Au sud de Lourdes on entre dans le Lavedan, où sont réunis soixante-trois villes, bourgs, villages, et les établissements thermaux d'Ar-d'Argelès-Gazost, Cauterets, Saint-Sauveur et Barèges. Sept vallées importantes débouchent dans la vallée principale du gave de Pau. Au sortir de Lourdes, pendant huit kilomètres, la vallée est très resserrée entre les montagnes ; mais, près d'Agos, l'horizon s'élargit tout à coup et laisse voir l'admirable bassin d'Argelès, les montagnes du val d'Azun et le pic de Viscos. C'est un fond merveilleux, incomparable, de bois, de prairies, de torrents, de villages, enfermé par des montagnes ou verdoyantes jusqu'à leurs cimes, ou blanches et ardues comme des glaciers. A Vidalos (9 kil.), en montant sur un petit monticule dominé par un donjon carré, construit en 1175 par Centulle III, comte de Bigorre, on a une échappée au sud sur les sommités neigeuses du massif du Marboré, le mont Perdu (3351m); le Cylindre (3327m) et le sommet du Balaïtous, (3146m), au sud-ouest. — Mais pour bien voir le paysage si lumineux, si varié, si complet, il faut monter sur les hauteurs qui dominent la petite ville d'Argelès ou se rendre à Saint-Savin. *Argelès* (15 kil. de Lourdes) est adossé aux pentes boisées du Pic de Ger (1097m), au confluent du gave d'Azun et du gave de Pau. Les thermes d'Argelès-Gazost, procédés d'un beau parc, sont situés entre la route nationale et la voie du chemin de fer. Au sud de la ville, près de l'Hôtel de France, se trouve, entouré d'un joli parc, le château d'Ourout sur la porte duquel on lit une devise de date très ancienne :

« *Ourout soy.* — Ourout je suis. »

En moins de trois quarts d'heure on peut monter, par la route thermale d'Eaux-Bonnes à Cauterets, sur une terrasse morainique d'où l'on domine tout le bassin d'Argelès. En sortant d'Argelès dans la direction du sud, on tourne à gauche et on rejoint la route de Lourdes à Barèges qui passe à environ cinquante mètres au-dessous d'Argelès, longeant le Parc du Casino et des Thermes. Presque à la sortie d'Argelès on traverse le gave d'Azun, on laisse à gauche le village de Laü, puis à droite Saint-Savin et Adast, puis à gauche, de l'autre côté du gave, le village et les ruines intéressantes du château de *Beaucens*. Au delà de Saint-Savin, on aperçoit encore à droite le château de Despourrins, puis la chapelle de Piétat, et l'on arrive à *Pierrefitte* (19 kil.).

De Pierrefitte à Saint-Savin (2 kil. 1/2), ce n'est qu'une promenade suivant une route ombragée qui monte à la chapelle de *Piétat* (du VIIIe au IXe siècle), au château de Miramont, qu'habita d'Espourrins, et en 45 minutes on atteint Saint-Savin, dont l'église romane a été récemment restaurée. Elle possède entre autres choses remarquables le tombeau de saint Savin qui remonte à une haute antiquité. Au nord de l'église se trouve la célèbre abbaye. On y voit encore la salle capitulaire et le réfectoire. Autour est un grand jardin bien entretenu, d'où l'on a une admirable vue sur toute la vallée. Du côté de l'est, sur la rive droite du gave, se dressent, à la cime d'un monticule, et surmontées d'un donjon du XIVe siècle, les pittoresques ruines du château de *Beaucens*, ancienne résidence des comtes de Lavedan. Les nombreuses poternes et les chemins de défilement attirent surtout l'attention des touristes.

XXXVII. — De Pierretfite à Cauterets.

10 kil. A pied, 2 heures ; en voiture, 1 heure 30. — Prix : calèche, 10 fr.; omnibus, la place, 2 fr. 50. — Tarif, 2 fr 75.

De Lourdes à Pierrefitte (V. R. XXXVI). A Pierrefitte la route bifurque : par la gauche, on va vers Luz, Saint-Sauveur, Baréges et Gavarnie ; par la droite, on va vers Cauterets. A peu de distance de Pierrefitte, au delà du premier lacet de la route que soutient un énorme mur, on laisse à droite des mines exploitées de zinc, de cuivre et de plomb. Le chemin est taillé à pic et quelquefois en surplomb sur le flanc schisteux de la montagne. A une grande profondeur, à travers le feuillage des noyers, des frênes et des tilleuls, on aperçoit le gave bouillonnant. A trois kilomètres de Pierrefitte, la nouvelle route passe sur la rive droite du torrent et va rejoindre l'ancienne au pont de *Médiabat*, et au pied de la butte du Limaçon, formée des éboulements calcaires tombés de droite et de gauche et de tous les flancs de la montagne, sorte de chaos au milieu duquel mugit le torrent. Après le Limaçon, la gorge s'élargit. Le Pic de Péguère apparaît au fond de la vallée ; le gave s'éloigne de la route : on voit des champs ensemencés et des habitations de plus en plus nombreuses ; au milieu d'un pittoresque bassin (10 kil. de Pierrefitte), on trouve Cauterets (1).

---

(1) Voir le *Guide de Cauterets*, par A. Lequeutre, in 32, 1 fr. 50 ; *Pau et Cauterets*, librairie Cazaux.

XXXVIII. — De Pau à Luz, — Saint-Sauveur, Gavarnie

12 kil. de Pierrefitte à Luz ou Saint-Sauveur ; à pied, 2 heures 30 ; en voiture, 1 heure 30. — Prix : calèche, 12 fr., omnibus, 2 fr. 50. — 31 kil. de Pierrefitte à Gavarnie. — Prix : calèche, 35 francs.

De Pau à Lourdes (V. R. XXXV). De Lourdes à Pierrefitte (19 kil. V. R. XXXVI). De Pierrefitte on se dirige droit au sud, laissant à droite la route de Cauterets ; on rencontre *Soulom* avec une église romane fortifiée, et, vis-à-vis, à l'issue d'un pittoresque vallon, *Villelongue* et ses magnifiques ombrages. Sur le pont de Villelongue on traverse le gave de Gavarnie et l'on pénètre dans une tranchée ouverte par les eaux à travers des roches schisteuses et taillées à pic à une grande hauteur. C'est une des gorges les plus formidables des Pyrénées. Pendant huit kilomètres la route a été ouverte à l'aide de la poudre, suspendue sur des voûtes ou sur des murs qui cherchent leur appui dans les profondeurs du gouffre ; d'une centaine de mètres le bruit du torrent monte jusqu'au voyageur. On passe ensuite au milieu d'un paysage toujours beau, variant à chaque pas ; on laisse à gauche *Saligos*, et à droite *Sazos* : il faut en visiter l'église à cause de ses chapiteaux historiés ; puis, à gauche, *Sère*, dont l'église est précédée d'un beau porche roman, et le gros bourg d'*Esquièze*, où se voit dans l'église un curieux bas-relief de l'époque romane ; on traverse le Bastan sur un pont de marbre et l'on entre à *Luz* (12 kil.). *Saint-Sauveur* est réuni à Luz par une belle route plantée d'arbres, traversant d'abord la *Lise*, contournant un mamelon qui porte la chapelle de Solférino, et franchissant le gave sur un pont de marbre. Cette route a 1,400 mètres.

Les deux routes de Saint Sauveur et de Luz à Gèdre se rejoignent à 400 mètres environ en amont de Saint-Sauveur, au pont Napoléon, qui domine le gave de 67 mètres. On entre alors dans l'une des gorges les plus grandioses des Pyrénées. On dépasse le petit bassin de Pragnères et on monte à Gèdre (995 mètre), d'où commencent à se montrer la brèche de Roland et les terrasses supérieures du Marboré. De Gèdre on peut se rendre soit dans le val de Campbieil et dans la vallée d'Aure, soit dans le val d'Héas et aux cirques de Trumouse et d'Estaubé. De grands lacets contournent un escarpement et conduisent au célèbre chaos de Gavarnie, au delà duquel se développe au sud le cirque. Le vallon s'élargit et par un pont de marbre jeté sur le gave, on arrive (19 kil. de Luz) à *Gavarnie* (1,350 mètres). Là finit la route carrossable. Il faut ensuite deux heures pour aller à l'entrée du cirque et revenir. arrêts non compris, et trois heures si l'on pousse jusqu'à la cascade. La grande cassade tombe de 422 mètres, on la voit distinctement à 23 kilomètres de distance du pic de Nère qui domine Luz ; elle sort du glacier, source du gave de Pau. Le premier gradin est à 400 mètres au-dessus du pont de neige et le pic de Marboré (3,253 mètres) qui domine le glacier, s'élève de 1,613 mètres au-dessus du cirque et de 1,903 au-dessus du village. La muraille du cirque à 3,600 mètres de développement à la base.

XXXIX. — De Pau à Barèges

De Luz à Barèges, 6 kil.; à pied 1 heure 25 ; en voiture, 1 heure 20 ; calèche, 12 francs.

De Pau à Luz (V, R. XXXV à XXXVIII).

De Luz à Barèges, la route monte constamment. A deux kilomètres on trouve *Esterre*, nom d'origine basque : puis *Viella* (3 kil.), abrité de la montagne par des rideaux de grands arbres ; puis (4 kil. 1/2) *Betpouey* ou la Belle-Colline (982 mètres) au milieu de cultures et de pâturages. En face, de l'autre côté du gave, *Sers*, perché à 1,130 mètres sur des roches croulantes. Plus loin, on laisse à droite le vallon de la Justé qui descend de la base du Néouvielle. Gravissant une côte, on passe devant les sources thermales de *Pontis*, aujourd'hui abandonnées, et, après avoir dépassé l'établissement thermal de Barzun, on entre (6 kil.) à Baréges (1).

(1) Voir le *Guide de Baréges et Saint-Sauveur*, par A. Lequeutre. 2 fr. — Pau et Cauterets, librairie Cazaux.

XXXX. — De Pau à Biarritz

I. — EN CHEMIN DE FER

De Pau à Bayonne, 106 kil. — Prix : Ire classe, 13 fr. 05 ; 2me classe, 9 fr. 80 ; 3me classe, 7 fr. 85. — De Pau à Biarritz par Anglet, 114 kilomètres.

Partant de Pau dans la direction de l'Ouest, le chemin de fer passe sous le pont de Jurançon, côtoie le flanc méridional du parc et s'arrête à Lescar (7 kil), Artix (20 kil.), Lac (26 kil.), Arga-gnon (32 kil.), et arrive à Orthez (40 kil).

Laissant à droite la ville d'Orthez. la voie ferrée suit toujours la rive droite du gave, s'ar-rête à Baigts (48 kil.) et à Puyôo (55 kil.). — A Puyôo laissant à droite l'embranchement de Dax, Morcenx et Bordeaux, elle incline davan-tage vers l'Ouest, s'arrête à Labatut (63 kil.), à Peyrehorade (72 kil.); à 5 kilomètres au delà de cette dernière station, elle traverse le gave, qui, après un parcours de 4 kilomètres environ, va se jeter dans l'Adour, près le *château du Bec du gave*. On traverse la Midous, qui se jette aussi dans l'Adour à environ 700 mètres de la ligne du chemin de fer, on s'arrête à Urt (89 kil.), on traverse l'Adour sur un magnifique pont de fer, et enfin on entre à Bayonne (106 kil.).

En sortant de la gare de Bayonne, le chemin de fer passe sous le côteau de Saint-Esprit par un tunnel d'environ 150 mètres, franchit l'Adour sur un beau pont métallique à la hauteur de Mousserolles, s'engage dans un second tunnel d'environ 100 mètres, franchit la Nive, et arrive à Biarritz (la Négresse 116 kil.).

Quinze minutes en voiture, de la gare à Biarritz (3 kil.). Omnibus, par place, 75 c.; par colis, 40 c.

Afin de faciliter les communications entre Bayonne et Biarritz, on a construit un embranchement spécial : le point de départ est situé hors des murs, près de la maison Tarride qui sert de gare. Une station, tout près du quartier des Cinq-Cantons et de l'établissement du Refuge, dessert la commune d'Anglet. A Biarritz, la station est située sur les hauteurs qui dominent la route allant de Biarritz à la Négresse.

II. — EN VOITURE

En voiture (113 kil.). — Aller et retour : 3 jours, mylord, 60 fr. ; landau, 75 fr.

De Pau à Orthez (40 kil., V. R. XIII et XXXIV). D'Orthez à Peyrehorade la route suit constamment la rive droite du gave ; on laisse à droite Baigts, on traverse Puyoo et plus loin Peyrehorade. A Peyrehorade la route s'éloigne sensiblement du gave ; abandonnant à gauche Orthevielle, on passe à Lanne, on traverse l'Adour, à quelques kilomètres au delà de ce village, au pont de *Croix-Blanche ;* on aperçoit à gauche Biaudos et enfin on entre à Bayonne.

Rien de plus coquet, en voiture, que le trajet de Bayonne à Biarritz. On sort par la porte d'Espagne ou par les allées Marines et les glacis ; puis, passant à côté de la route de Cambo et de celle de Saint-Jean-de-Luz, l'on monte, en ligne droite, une voie légèrement ondulée, bordée de peupliers et longeant une multitude de gracieuses maisons de campagne. A Anglet (3 kil.), on quitte cette route pour celle qui se dirige à l'ouest, bordée de platanes, et l'on gravit une pente douce du haut de laquelle on voit le phare de Biarritz, et tout à fait à l'horizon, sur la gauche, les derniers contre-forts des Pyrénées ; quelques minutes après on découvre la mer. On laisse à gauche l'ancienne route de Biarritz et l'on passe à côté des jardins du Palais-Biarritz, pour entrer dans la principale rue de la célèbre station balnéaire (7 kil.).

Situé sur une falaise escarpée et rocheuse qui, en certains endroits, domine la mer de plus de 40 mètres ; malgré ses vastes et beaux hôtels, et quelques curieuses villas, Biarritz n'offrirait rien d'intéressant sans le spectacle de l'Océan. On doit visiter la *plage des Fous*, le *port aux Pêcheurs*, le *port Vieux* et la *côte des Basques*, au fond de laquelle se voient les Pyrénées et les contours de la baie de Biscaye, où sont Guettary, Socoa, Saint-Jean-de-Luz et Saint-Sébastien. De l'autre côté, dominant *la plage des Fous*, celle d'Anglet et la barre de l'Adour, la promenade du *phare*, bâti sur un promontoire, est curieuse. Le phare a 47 mètres de hauteur. On peut le visiter en s'adressant au gardien. De la lanterne on jouit d'un admirable panorama sur l'embouchure de l'Adour, Bayonne, les Landes, le pays basque, Saint-Jean-de-Luz, les côtes d'Espagne et la chaîne des Pyrénées, que dominent la Haya et la Rhune. (1).

XXXXI. — St-Jean-de-Luz.

En voiture ou à pied. — De Biarritz à St-Jean-de-Luz (14 kil.); à pied : aller et retour, 5 heures; en voiture, 3 heures. — Prix : mylord, 10 fr.; landau, 15 fr.

De Pau à Biarritz (V. R. XXXX). Sortant de Biarritz dans la direction du sud-est, par un petit embranchement, on rejoint la route de Bayonne à Hendaye près de la *Négresse* (station du chemin de fer de Biarritz). Sur un coteau qui domine la mer, on aperçoit *Bidart* (8 kil.), premier village basque. De ses falaises la vue est plus belle encore que de Biarritz. Puis (11 kil.) *Guetary*, une église autour de laquelle se groupent dix à douze maisons d'un blanc de lait, aux volets rouges ou verts, puis une cinquantaine de maisons dispersées au milieu de bouquets d'arbres, de champs de blés et de maïs, et sillonnés par d'étroits sentiers qu'ombragent l'aubépine et la prunelle. La vue sur la mer est charmante. Après se montre (17 kil.) *Saint-Jean-de-Luz*, au fond de la baie à laquelle il donne son nom.

L'origine de cette petite ville est inconnue. Il faut visiter, outre le port et la plage, l'église du XIIIe siècle, dans le style particulier des églises

(1) Nous recommandons aux personnes qui vont séjourner à Biarritz, l'excellent guide *Biarritz*, par Germond de Lavigne. 1 vol. in-32, 2 fr. 50. Paris, Hachette et Ce.

basques et espagnoles ; le château de Louis XIV ou *maison Lohobiague*, bâtie sous Henri III ou Henri IV, flanquée de deux tourelles ; la *maison Joanœnia* ou le château de l'Infante. Elle est ouverte aux visiteurs et l'on y voit deux tableaux de Gérome représentant le mariage de Louis XIV et l'alliance de la France avec l'Espagne. On peut voir encore avec intérêt la *maison Betbeder*, la *maison Saint-Martin* avec une tour centrale, la *maison Lerenbouré*, couronnée d'une corniche à médaillons, et la *maison des Pendelet*, du temps de Louis XIV.

XXXXII. — Hendaye et Fontarabie.

I. — EN VOITURE

De Saint-Jean-de-Luz à Hendaye : à pied, 2 heures, en voiture, 1 heure. — Prix : aller et retour, mylord, 10 fr. ; calèche, 12 à 14 fr.

De Pau à Biarritz (V. R. XXXX). De Biarritz à Saint-Jean-de-Luz (V. R. XXXXI).

Partant de Saint-Jean-de-Luz on traverse la Nivelle et l'on entre dans Ciboure, puis on atteint *Socoa*, bâti en 1640 sur la pointe méridionale à l'entrée de la baie. Les falaises de Socoa sont les plus belles du littoral de la France. On trouve ensuite Urrugne (4 kil.), dont l'église est célèbre par son horloge avec l'inscription latine sur les heures : *Vulnerant omnes ultima necat*, « toutes blessent, la dernière tue ! »

La route, sur le sommet des coteaux qui séparent le bassin de la Bidassoa et descendent vers Hendaye, est extrêmement pittoresque. Le pays est assez couvert, et à droite, assez rapprochées, on aperçoit les montagnes du pays basque, que domine la célèbre Rhune. On atteint Hendaye (13 kil de Saint-Jean-de-Luz), dernier village français. La plage d'Hendaye est l'une des plus belles de France. Sur le plateau, qui se termine au cap Sainte-Anne, se trouvent le château et le parc d'*Arragory*, qu'a construit M. Antoine d'Abbadie. On voit encore la *maison mauresque* de M. de Polignac, bâtie, disposée et meublée comme les maisons arabes. A côté d'Hendaye (1 kil. 1/2) on trouve Béhobie, et de l'autre côté de la Bidassoa *Béhobia*. Au milieu des îles que forme la rivière on voit l'île célèbre des *Faisans* ou de la *Conférence*, puis *Irun*. Moyennant quelques sous, on passe, en bâteau, d'Hendaye à Fontarabie.

II. — EN CHEMIN DE FER :

141 kil. Prix : 1re classe, 17 fr. 35 ; 2e classe 13 fr. 3e classe, 9 fr. 55.

De Pau à Biarritz, par la Négresse, 116 kil. (V. R. XXXXI).

A peine sorti de la station de Biarritz, le chemin de fer s'engage dans un tunnel de 325 mètres, s'arrête à Bidart-Guéthary (121 kil. de Pau), à Saint-Jean-de-Luz (129 kil.) traverse la Nivelle, laisse à gauche Urrugne, passe sous le *tunnel des redoutes* et arrive enfin à *Hendaye*. La Bidassoa sépare Hendaye de *Fontarabie*. La traversée en bateau, se fait en 15 minutes ; on paye 50 cent. par personne au plus.

Fontarabie est, dit-on, au milieu de ses ruines, la ville espagnole par excellence, « avec ses toits qui se rejoignent presque au-dessus des rues, ses maisons noircies par le temps, dévastées par la guerre, ses portes chargées d'écussons gigantesques, ses balcons en fer ouvragé, ses fenêtres à travers lesquelles regardent les jeunes filles, ses boutiques sombres. » L'église, à l'extérieur du style renaissance, est gothique à l'intérieur. Les sculptures de l'autel sont ce qu'il y a de plus remarquable. Le *château* construit par Sanche le Fort, au commencement du Xe siècle, est en ruines ; une partie date seulement du XVIe siècle et n'est pas mieux conservée que l'autre.

Mais cette ville étrange et désolée n'est pas ce qui attire le plus le voyageur. Ce qu'il admire par-dessus tout, c'est, parés surtout des teintes du couchant, cette rivière, ces montagnes, ce paysage grandiose enfin, plus étrange et plus mélancolique encore, qu'on dirait comme la frontière de deux civilisations.

FIN

TABLE

PROMENADES

EXCURSIONS

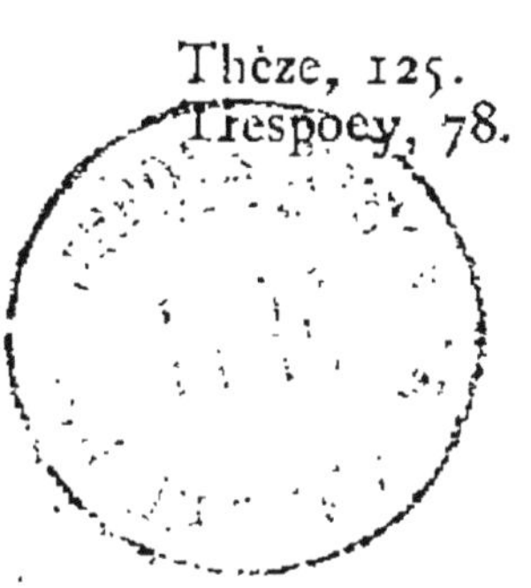

CAUTERETS — IMPRIMERIE G. CAZAUX

PLAN DE LA VILLE ET DES ENVIRONS DE PAU

et des communes de Jurançon, Billère, Gélos et Bizanos, 1888.

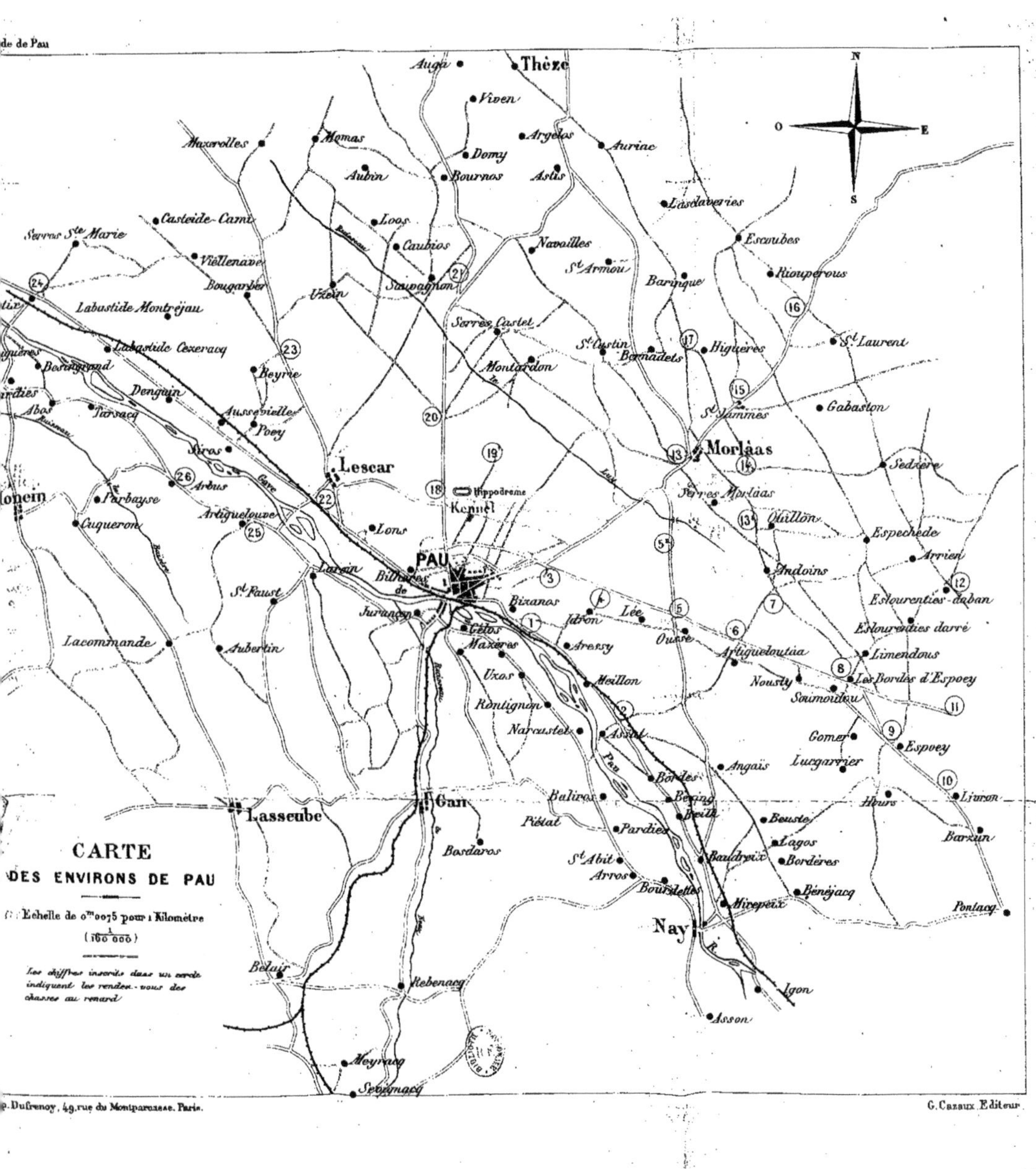
de de Pau
CARTE
DES ENVIRONS DE PAU
Echelle de 0m0075 pour 1 Kilomètre
(1/160 000)
Les chiffres inscrits dans un cercle indiquent les rendez-vous des chasses au renard
N
S
O
E
Thèze
Auga
Viven
Momas
Mazerolles
Argelos
Auriac
Domy
Aubin
Bournos
Astis
Lasclaveries
Casteide-Cami
Loos
Serres Ste Marie
Caubios
Navailles
Escoubes
Viellenave
St Armou
Riouperous
Bougarber
Uzein
Sauvagnon
Barinque
Labastide Montréjau
Serres Castet
Labastide Cezeracq
Montardon
St Castin
Bernadets
Higuères
St Laurent
Beyrie
Denguin
Tarsacq
Aussevielle
Poey
St Jammes
Gabaston
Abos
Siros
Lescar
Morlaàs
Sedzère
Arbus
Hippodrome
Kennel
Serres Morlaàs
Parbayse
Artiguelouve
Lons
Ouillon
Espéchède
Cuqueron
PAU
Arrien
Lacommande
St Faust
Lescar
Jurançon
Bizanos
Idron
Lée
Andoins
Eslourenties-daban
Eslourenties darré
Aubertin
Gelos
Mazères
Aressy
Ousse
Artigueloutan
Limendous
Uzos
Meillon
Nousty
Les Bordes d'Espoey
Rontignon
Soumoulou
Narcastet
Assat
Gomer
Espoey
Lucgarrier
Angaïs
Bordes
Hours
Livron
Baliros
Beuste
Lasseube
Gan
Pardies
Lagos
Barzun
Bosdaros
St Abit
Baudreix
Bordères
Arros
Bourdettes
Bénéjacq
Mirepeix
Pontacq
Nay
Igon
Belair
Rebenacq
Asson
Meyracq
Sevignacq
Dufrenoy, 49, rue du Montparnasse. Paris.
G. Cazaux Editeur

www.ingramcontent.com/pod-product-compliance
Ingram Content Group UK Ltd.
Pitfield, Milton Keynes, MK11 3LW, UK
UKHW020126200726
13856UKWH00002B/755

9 782013 057806